APRENDER E ENSINAR COM TEXTOS

VOLUME
3

APRENDER E ENSINAR COM TEXTOS NÃO ESCOLARES

Dados Internacionais de Catalogação na Publicação (CIP)
(Câmara Brasileira do Livro, SP, Brasil)

Aprender e ensinar com textos não escolares / coord. geral Adilson Citelli, Ligia Chiappini. — 6. ed. — São Paulo : Cortez, 2013. — (Coleção aprender e ensinar com textos ; v. 3)

Bibliografia
ISBN 978-85-249-2015-8

1. Comunicação 2. Ensino fundamental 3. Leitura (Ensino fundamental) 4. Linguagem 5. Português (Ensino fundamental) 6. Redação 7. Textos (Ensino fundamental) I. Citelli, Adilson. II. Chiappini, Ligia. III. Série.

13-02270 CDD-372.13078

Índices para catálogo sistemático:

1. Textos na escola : Ensino fundamental 372.13078

APRENDER E ENSINAR COM TEXTOS

Coord. Geral: **Ligia Chiappini**

VOLUME

3

APRENDER E ENSINAR COM TEXTOS NÃO ESCOLARES

Coordenador

Adilson Citelli

6ª edição

CORTEZ EDITORA

APRENDER E ENSINAR COM TEXTOS NÃO ESCOLARES
Coordenador geral: Adilson Citelli e Ligia Chappini

Capa: DAC
Preparação de originais: Solange Martins
Revisão: Maria de Lourdes de Almeida
Composição: Linea Editora Ltda.
Coordenação editorial: Danilo A. Q. Morales

Direitos para esta edição
CORTEZ EDITORA
Rua Monte Alegre, 1074 – Perdizes
05014-001 – São Paulo – SP
Tel.: (11) 3864-0111 Fax: (11) 3864-4290
E-mail: cortez@cortezeditora.com.br
www.cortezeditora.com.br

Impresso no Brasil – junho de 2013

Sumário

A circulação dos textos na escola: um projeto de formação-pesquisa

*Ligia Chiappini**

Este livro faz parte de uma trilogia: *Aprender e ensinar com textos (de alunos, didáticos e didatizados, não escolares)*. Os três livros foram concebidos e publicados simultaneamente pela Editora Cortez e se dirigem a todos os educadores, aos interessados por questões de linguagem, comunicação e ensino. Embora publicados ainda nos anos 1990, a grande aceitação que tiveram por parte de professores e estudantes e a atualidade de suas principais análises e conclusões faz com que os venhamos republicando ao longo de quase dez anos, saindo, agora, com pequenas alterações e explicações contextualizadoras, além de novas indicações bibliográficas, conquanto seja mantida a concepção original.

Trata-se das primeiras conclusões de uma pesquisa, financiada por CNPq e FAPESP entre 1992 e 1996 e intitulada "A circulação dos textos na escola". O que aqui se apresenta apoia-se, fundamentalmente, na observação sistemática de 1.125 horas-aula, em catorze escolas da rede estadual e municipal de São Paulo e em uma escola particular, cuja relação codificada consta no Apêndice. Além dos dados obtidos pela observação

* Professora titular de Teoria Literária e Literatura Comparada (USP) e, a partir de 1997, Professora Titular de Literatura e Cultura Brasileiras da Universidade Livre de Berlim.

direta, analisamos também os fornecidos por um questionário aplicado a mais de 1 000 alunos dessas mesmas escolas. Temos ainda como base uma série de informações advindas de uma espécie de *corpus* de controle constituído pela observação frequente, embora não tão sistemática, de outras escolas particulares, conforme relação já referida, assim como pela nossa longa prática em salas de aula, de assessoria e docência em escolas da rede pública e particular.[1]

A ida à escola para proceder a esse levantamento de dados esteve a cargo dos bolsistas de iniciação científica (alunos de Letras já veteranos) e dos professores do ensino fundamental e médio, bolsistas de aperfeiçoamento que tinham melhores condições para entrar em sala de aula sem inibir os colegas. Mas tudo foi planejado, acompanhado e avaliado em conjunto, pelos coordenadores.

Seguindo essa orientação geral, as observações foram registradas no *Diário de Campo* de cada um dos observadores. Uma vez digitados e encadernados, tais diários se constituíram na principal fonte a ser explorada pelo conjunto dos pesquisadores. Vários encontros foram destinados à discussão desse material, com o objetivo de extrair dele uma lista de indicadores ou categorias que permitissem o estudo sistemático do conjunto de episódios observados em sala de aula e aí registrados.

Concluída essa fase, os pesquisadores procederam a uma releitura dos diários de campo à luz dessas categorias, para inventariar o grau de incidência de cada episódio observado.

---

1. Tanto os coordenadores (os então doutores João Wanderley Geraldi, Adilson Odair Citelli, Helena Nagamine Brandão, Guaraciaba Micheletti), como a subcoordenadora (mestre Beatriz Marão Citelli) e mesmo alguns dos bolsistas mais jovens, tinham uma experiência já longa nesse tipo de trabalho, seja por meio da Associação de Professores de Língua e Literatura (APLL), seja na assessoria a programas e projetos de Secretarias de Educação de estados e municípios no Brasil inteiro, com destaque para a Secretaria Municipal de Educação na gestão de Paulo Freire. Em São Paulo, desde 1984, boa parte desse trabalho foi feito por intermédio do EFES (Estágio de Formação do Educador em Serviço, um programa de formação-pesquisa da linha "Literatura e Educação", do Departamento de Teoria Literária e Literatura Comparada da USP). A maior parte dos pesquisadores deste projeto integrou o EFES na totalidade ou na parte das atividades de formação-pesquisa aí desenvolvidas e nas publicações delas decorrentes.

Constituiu-se então um banco de dados que passou a ser referência obrigatória para as leituras tanto horizontais como verticais, necessárias ao recorte e aprofundamento dos temas a serem enfocados por um pesquisador ou grupo de pesquisadores no interior dos três subgrupos. A princípio, isso deu origem a relatórios de pesquisa e, posteriormente, a ensaios escritos, discutidos e reescritos sucessivas vezes até adquirir a forma dos textos que ora publicamos.

O banco de dados permite, por exemplo, saber em que séries, em que disciplinas, em que tipo de escola ocorre a incidência maior da cópia ou onde e em que circunstâncias aparece o trabalho com a poesia, o paradidático, o teatro, o jornal, a televisão etc. Tanto esse banco de dados quanto as informações obtidas pela aplicação e tabulação do questionário respondido pelos alunos não foram por nós explorados em sua totalidade, constituindo um material de pesquisa à disposição de qualquer pesquisador interessado em trabalhá-lo[2]. Em anexo, o leitor encontrará a lista dos indicadores e a relação dos diários de campo, que serão tantas vezes referidos ao longo dos três livros. Quanto aos dados obtidos pelo questionário, eles aparecem diluídos principalmente no terceiro volume, relativo aos textos não escolares.

As classes observadas foram de terceiras, quintas, sétimas e oitavas séries, em todas as disciplinas do ensino fundamental. Os critérios que nortearam a escolha dessas séries foram: fim do ciclo da alfabetização, para a terceira, série problemática que tem alto índice de evasão, caso também da quinta, e o final do fundamental, para as duas últimas.

Entre as escolas estaduais havia unidades comuns e as chamadas escolas padrão[3]. Entre as municipais, havia as que

---

2. Tais dados foram desdobrados e retrabalhados em pelo menos três novos livros da coleção "Aprender e ensinar com textos" da Editora Cortez: 1. Leitura e construção do real: o lugar da poesia e da ficção, organizado por Guaraciaba Micheletti; 2. Gêneros do discurso na escola: mito, conto, cordel, discurso político, divulgação científica, organizado por Helena Nagamine Brandão; 3. Outras linguagens na escola: publicidade, cinema e TV, rádio, jogos, informática, organizado por Adilson Odair Citelli.

3. O projeto de escolas padrão do Estado de São Paulo se propunha modernizar a escola pública, por meio de novas tecnologias e de melhores condições de trabalho

participaram do *Programa de reorientação curricular pela via da interdisciplinaridade* ("escolas da inter", como se tornaram conhecidas pelos professores e alunos da rede municipal, onde o programa vigorou de 1989 a 1992)[4] e escolas que não se engajaram nele, pelo menos diretamente, pois no final do período todas as escolas acabaram se interessando e participando, seja pela utilização das publicações daí resultantes, seja pela adoção de algumas práticas aí defendidas. Este projeto resultou em parte da atuação dos coordenadores e de alguns bolsistas mais antigos no trabalho de assessoria universitária a esse programa, desenvolvido durante a administração de Paulo Freire na Secretaria Municipal de Educação.

Nessa ocasião, pudemos constatar a dificuldade de a escola trabalhar a linguagem e o quanto algumas de suas propriedades e potencialidades podem permanecer invisíveis, mesmo para aqueles que lidam com ela o tempo todo e se propõem a fazer um trabalho dialógico. Verificamos então que a concepção de linguagem da maior parte dos educadores é puramente instrumental. Consequentemente, a escola tem a tendência a burocratizar a linguagem, desistoricizando-a e enrijecendo-a nos rituais que tradicionalmente a domesticam: a cópia, o ditado, a redação como atividade isolada ou, quando muito, produto final de um processo deslanchado pela leitura, a própria leitura como

---

para professores e alunos, instituindo, entre outras coisas, a hora-atividade, como parte da carga horária dos docentes, de modo a lhes facultar o tempo necessário às atividades de planejamento, avaliação e outras, necessárias ao desempenho competente em sala de aula. A escola padrão tinha também maior autonomia pedagógica para planejar e decidir sobre metodologias e currículos ou propor projetos especiais que relacionassem produtiva e criativamente a escola e as comunidades em que ela se inseria. O objetivo era ainda, pelo menos no papel, proporcionar a essas instituições maior autonomia administrativa e até mesmo, financeira, reforçando, para isso, o papel e o poder dos conselhos de escola.

4. Trata-se de um programa da Secretaria Municipal de Educacão de São Paulo, na gestão de Paulo Freire, em que se promoveu uma grande reformulação curricular, com base num trabalho interdisciplinar, inspirado na ideia de tema gerador, do mesmo Paulo Freire. Os primeiros registros e avaliações desse programa podem ser lidos no livro coordenado por Nidia Pontuschka, *A ousadia do diálogo*, São Paulo: Loyola, 1993 e no artigo de Ligia Chiappini, José Luiz Miranda e Marcela Cristina Evaristo, "Interdisciplinaridade na escola pública: a experiência paulista na gestão de Paulo Freire e a participação da universidade", in: Antonio Faundez, org., *Educação, Desenvolvimento e Cultura*, São Paulo: Cortez, 1994.

simples verbalização oral de textos cuja compreensão deixa muito a desejar: o trabalho do professor sendo repetição dos roteiros do livro didático, e o do aluno, sendo execução dos exercícios que estes lhes impõem.

Esses problemas, entre outros, que, infelizmente, ainda persistem em nosso sistema de ensino, não podem ser analisados sem levar em conta as precárias condições materiais em que se desenvolve o trabalho na maior parte das nossas escolas. Da precariedade das instalações à parca remuneração dos professores, passando pela pobreza dos alunos, tudo dificulta o ensino e a aprendizagem, principalmente nas escolas estaduais.

Mas, mesmo nas escolas particulares (sejam as observadas de modo mais informal, seja aquela que entrou no *corpus* de observação de forma sistemática), as quais oferecem melhor salário aos professores e contam com alunos cujos pais têm mais recursos, incorrem na maior parte dos problemas que constatamos no trabalho com os textos e a linguagem.

Quanto à Prefeitura, apesar de todos os avanços que testemunhamos durante a gestão de Paulo Freire na secretaria de educação do município de São Paulo, especialmente naquelas escolas que se engajaram no programa de reorientação curricular, raramente vimos os professores aproveitarem o rico material linguístico coletado no "estudo de realidade" que levou à constituição de dossiês complexos, recheados de depoimentos, orais (gravados) ou escritos e de imagens (vídeos e fotografias). Na maior parte das vezes, o que vimos foi esse material ser substituído por textos escolhidos pelo professor (e muitas vezes retirados do livro didático) para adequar-se ao suposto tema gerador e sobre os quais os alunos deviam dissertar.

Tal dificuldade de trabalhar a linguagem de forma dinâmica e dialógica evidenciou a necessidade de pesquisar o assunto mais sistematicamente. Daí a origem deste projeto que pretendia fazer um diagnóstico da circulação dos textos em classes do ensino fundamental, confrontando a situação das escolas da Prefeitura, tendo como contraponto a escola particular. As perguntas que nos nortearam desde o início foram: o que se escreve e se lê na escola? o que fica de fora? como circulam ou deixam de circular os textos e as linguagens? como alunos e professores se relacionam com a linguagem e os textos dentro e fora da sala de aula? Em que medida as "escolas da inter" conseguiram chegar mais perto da circulação dialógica, da escrita e da leitura como um trabalho educacional contínuo, motivado e motivador? Posteriormente, como a pesquisa se aproxima da investigação etnográfica, foram emergindo e explicitando-se, outras perguntas, alterando rumos e indicando novos caminhos para a investigação. Algumas delas continuam em aberto, exigindo um aprofundamento maior no exame dos dados existentes ou mesmo a busca de outros. A avaliação distanciada deste primeiro resultado certamente permitiria decidir sobre a continuidade do trabalho[5].

Sintetizando, os objetivos dessa pesquisa foram:

1. Estabelecer um diagnóstico mais preciso da situação do trabalho com a linguagem e os textos nas escolas de São Paulo.

2. Fornecer subsídios aos professores dessas e de outras escolas para auxiliá-los a superar os problemas identificados e alcançar uma qualidade nova no seu trabalho pedagógico com os textos e a linguagem.

3. Formar pesquisadores jovens tanto teoricamente quanto na visão prática dos problemas do ensino, especialmente da língua portuguesa, sensibilizando estudantes de Letras e Comunicações para as questões que a prática pedagógica no primeiro e segundo graus coloca à pesquisa universitária.

4. Identificar e sistematizar novas linhas de pesquisa que a realidade escolar nos coloca e que pedem um trabalho na confluência de diferentes áreas como a Teoria Literária, a Linguística, a Língua Portuguesa, as Teorias das Comunicações e as chamadas Ciências da Educação.

Os fundamentos teóricos do trabalho são basicamente uma concepção dialógica e interacionista da linguagem, apoiada em Bakhtin e uma concepção construtivista da educação, inspirada sobretudo no construtivismo sócio-histórico de Vigotsky, concepções que ainda acreditamos adequadas a uma visão demo-

---

5. Tal continuidade acabou ocorrendo e se diversificando, como o demonstra a própria coleção "Aprender e Ensinar com Textos", nascida dessa primeira pesquisa, que está hoje no seu décimo quarto volume.

crática da educação tanto como modo de organização do sistema escolar e da sua instituição básica, a escola, quanto como forma de relação entre educador e educando.

Inspiraram-nos também pedagogos progressistas, de Freinet a Paulo Freire e, como instrumento de trabalho, lançamos mão de teorias tanto linguísticas como literárias e comunicacionais que fundamentam o estudo da dinâmica dos textos e dos seus contextos, incluindo aí a relação texto-leitor. Essas teorias nos permitem conceber e concretizar a noção de circulação, noção-chave no projeto em diferentes níveis intra e extratextos.

O trabalho realizado em equipe é coerente com esses fundamentos políticos e teóricos, na medida em que supõe a articulação difícil entre autonomia e dependência, entre trabalho individual e coletivo, entre especificidade e integração de disciplinas.

Na verdade, trata-se de um trabalho interdisciplinar, por força do objeto (o texto na escola) que nos forçou a sair das delimitações mais estritas da pesquisa acadêmica, obrigando-nos a levar em conta a dinâmica escolar e as relações entre áreas que na universidade têm mais autonomia, tais como os estudos de língua e os de literatura ou estes e os de comunicação de massa. Além de interdisciplinar, o trabalho é interinstitucional, envolvendo docentes e alunos dos cursos de Letras, Comunicações e Educação da USP e do Instituto dos Estudos da Linguagem da Unicamp, bem como professores da escola pública e particular.

Como sugerem os títulos dos livros, o tema geral da pesquisa desdobrou-se em três subtemas: a circulação dos textos produzidos por alunos, a circulação dos textos lidos por alunos, dentro ou fora do livro didático, e a circulação dos textos não escolares e não necessariamente verbais, lidos e/ou produzidos por alunos, mas não incorporados pela escola como objeto de análise, fruição e reflexão crítica. Em torno de cada subtema estruturou-se um subgrupo, sob a coordenação de professores que na época já eram doutores, com a participação de então bolsistas de doutorado, mestrado, aperfeiçoamento e iniciação científica.

Um dos aspectos que me parecem até hoje mais interessantes é o intergeracional, envolvendo várias categorias de pesquisadores e, consequentemente, diferentes faixas etárias e titulações acadêmicas, dos professores experientes, já avançados na idade dos quarenta, aos bolsistas de iniciação científica e aperfeiçoamento na faixa dos 20 ou 30 anos. O grupo viveu dinamicamente essa heterogeneidade, já que, além de, ao longo de nossa convivência, termos todos ficado mais velhos e mudado nossos papéis e funções nas diferentes instituições envolvidas, incorporamos e adaptamos as alterações de nível dos pesquisadores, especialmente a passagem da iniciação científica para aperfeiçoamento e deste para mestrado e doutorado. À medida que se abriam quotas de bolsas em cada um desses níveis, novos pesquisadores foram sendo incorporados, o que representou um desafio para eles e para o grupo, pois tratava-se de integrá-los o mais rapidamente possível a um trabalho já iniciado ou, no caso dos últimos, já em fase avançada, e de andar rápido com o desenvolvimento da própria formação para que pudessem acompanhar as discussões e dar conta das tarefas que lhes cabiam.

Essa dinâmica, se por um lado pode precipitar um processo de formação do pesquisador que sempre se quer mais sistemático e gradual, e dificultar às vezes a identificação de carências específicas, por outro lado permite dar saltos que acabam enriquecendo o processo, tanto do ponto de vista teórico quanto prático, facilitando a conquista da autonomia na medida mesma em que existe o amparo do grupo e um meio estimulante para mover à leitura, à reflexão e à escrita, pois todos são autores de relatórios e ensaios que registram as hipóteses, as questões, as perplexidades e as conclusões decorrentes da pesquisa e propulsoras dela.

Como se vê, o trabalho se distingue um pouco da tradicional pesquisa acadêmica. Sem negar a importância e a necessidade desta, tratava-se de abrir espaço nos projetos de formação, geralmente entendidos como mera extensão da universidade, para o trabalho formador de toda investigação científica e de identificar neles os problemas emergentes na própria ação formadora, exigindo novas buscas e novos questionamentos: um trabalho, portanto, de formação-pesquisa.[6]

6. Sobre essa concepção de pesquisa, veja-se o texto de Ligia Chiappini, "Pesquisa-ação: um método particular de pesquisa educacional?", in: *Ideias* (3) (Recursos humanos para alfabetização), São Paulo: FDE, 1988.

Nesse sentido, os três livros citados anteriormente, se podem prestar algum serviço aos professores, prestam serviço também à universidade, não apenas auxiliando a repensar licenciaturas e bacharelados, mas apontando novas questões e abrindo linhas novas de investigação a desenvolver na pós-graduação.Trata-se ainda de um esforço consciente de superar rupturas, como bem definiu o professor Francis Aubert, vice-diretor da Faculdade de Filosofia, Letras e Ciências Humanas da USP, no encerramento do curso "Aprender e ensinar com textos", ministrado pelos autores destes livros nos dias 18 e 19 de novembro de 1994 no Centro Universitário Maria Antonia: a ruptura entre a universidade e a escola fundamental e média, entre a pesquisa e o ensino, entre a língua e a literatura, entre a palavra e a imagem, entre a pesquisa solitária e em equipe, entre a pós-graduação, a graduação, a extensão e a pesquisa universitárias.

Tendo em vista a importância de tudo isso para a universidade, reiteramos nossos agradecimentos aos professores, coordenadores pedagógicos, diretores e alunos que colaboraram para a produção destes livros; coautores e primeiros leitores, de quem recebemos críticas e sugestões extremamente úteis para o aperfeiçoamento do projeto, a revisão e reescrita dos textos e a publicação da trilogia que primeiramente teve uma edição limitada a 300 exemplares, ainda na forma de pré-livros. Muito aprendemos com esse retorno crítico e com o debate então desencadeado. E esperamos ter também ensinado um pouco, sobretudo do muito que é possível ensinar e aprender quando nos constituímos mediadores informados, responsáveis e sensíveis entre os alunos e os textos.

Escola e meios de comunicação

*Adilson Citelli**

Onde o mundo interior e o exterior se tocam,
aí se encontra o centro da alma

Novalis

1

A força dos meios de comunicação junto às sociedades modernas tem provocado uma série de alterações nos modos de os grupos humanos se relacionarem com o conhecimento e mesmo com a informação. Em maior ou menor grau nossas formas de ver e de sentir sofrem as influências das sequências fragmentadas, da rapidez, da linearidade, da presença marcante da imagem. Tais procedimentos, para nos restringirmos aos mais evidentes, têm alcançado o universo da escola e das consequentes ações desenvolvidas pela educação formal.

Pretendemos, com o conjunto de textos deste livro, pensar as relações existentes hoje entre a escola e alguns meios de comunicação, intentando fugir de dois perigos que comumente circundam tal tipo de análise. De um lado, a adesão acrítica ao narcisismo tecnológico que tanto seduz como reduz, e, de outro, o repúdio apocalíptico, que responsabiliza os meios de

* Professor titular da ECA-USP.

comunicação por abastardar o saber e desfigurar os valores humanos.

Os textos a serem lidos resultaram tanto das observações dos pesquisadores do nosso Projeto Integrado de Pesquisa "A circulação de textos na escola", conforme o exposto na apresentação de Ligia Chiappini, como da aplicação de um questionário junto a mais de mil alunos de 3ª, 5ª e 8ª séries do ensino fundamental, atingindo quatorze escolas públicas estaduais e municipais de São Paulo, e uma da rede particular, entre os anos de 1992 e 1993, versando sobre as relações comunicação/escola. Após a tabulação das quarenta e nove perguntas formuladas pelo nosso questionário, escolhemos as que reputamos de maior interesse para o momento, a partir das quais foram redigidos os ensaios. Quisemos, com isso, fugir ao cerco tentador das pesquisas quantitativas, positivas. Buscamos, de forma monográfica, ler as significações contidas nos números. Para não cansar o leitor evitamos fazer referências constantes ao questionário aplicado. Fica, no entanto, o registro e a indicação da fonte responsável pelos textos do livro.

Cabe, aqui, uma observação. A despeito de a pesquisa que orientou os ensaios à frente ter sido realizada faz algum tempo, os resultados, análises, perspectivas, propostas que os ensejam demonstram atualidade. Com adequações decorrentes, sobretudo, das rápidas mudanças que aconteceram nos suportes tecnológicos, e que, de algum modo, impactam na vida da escola, em seus alunos, professores, equipes técnicas, será possível ao leitor situar a permanência de uma discussão envolvendo a educação escolar frente àquilo que vem sendo chamado de culturas mediáticas. Este sentido de matéria contemporânea é que nos animou a reeditar o livro, acrescentando aos textos alguns ajustes que melhor os situam presentemente.

2

Os ensaios subsequentes pretendem responder a uma pergunta central, a que nos colocamos ao longo do trabalho desenvolvido junto ao referido Projeto. Afinal, as linguagens consideradas como formalmente não escolares — aquelas que não dizem respeito diretamente ao discurso pedagógico — circulam pelas salas de aula?

O rádio, o cinema, a televisão, o *videogame*, enfim, esta imensa quantidade de códigos, imagens, ícones, símbolos, não necessariamente verbais e, sobretudo, ausentes dos tópicos programáticos, são incorporados pela instituição escolar e trabalhados pelos professores? Os diários de campo elaborados pelos nossos pesquisadores a partir das aulas observadas são eloquentes: raramente indicam ter existido algum tipo de articulação entre os tópicos das matérias desenvolvidas e as sugestões derivadas das linguagens institucionalmente não escolares.

Foram anotadas poucas propostas que visavam a aproveitar ou ampliar alguma atividade com base na convivência dos alunos com a música, o filme, a telenovela etc. Nenhum questionamento sobre os modos como os telejornais operam com as notícias, nada acerca da estrutura narrativa da telenovela, dos *outdoors*, das campanhas publicitárias, dos espetáculos musicais, dos filmes de sucesso, do *videogame*. A escola parece respeitar apenas o seu próprio ritual. A aula corre soberana a despeito do fato de o mundo dos jovens estar cada vez mais marcado pelos meios de comunicação em suas múltiplas variáveis.

A questão está em saber se o fato de a escola fazer de conta que o "mundo de fora" pouco importa ao "mundo de dentro" resulta em que os seus alunos, funcionários, professores deixem de se influenciar, operar, conversar etc., sobre os filmes de sucesso, os ídolos da música, o novo modo de vencer os desafios propostos pelos *games*, os *jingles* que tanto levarão aos jogos verbais, portanto aos mecanismos lúdicos, quanto ao estímulo ao consumo e a esta desesperada corrida à gôndola do supermercado, à grife, ao shopping center — espécie de catedral moderna onde os deuses estão à vista, sendo separados dos devotos fiéis apenas por belas vitrines e a todos prometendo recompensar física ou simbolicamente pela glória da escolha.

O que está revelado pelo questionário é uma situação diversa daquela outra recolhida nos diários de campo dos pesquisadores. Enquanto nestes o que se nota é a ausência quase completa das linguagens institucionais não escolares, naquele constata-se a amplitude do "discurso subterrâneo". Ou seja, os alunos vivem uma intensa relação com as linguagens e o conhecimento não sistematizados pelo discurso didático-pedagógico e promovem uma circulação que resulta em discussões, troca de experiências, estratégias de socialização, que, contudo, se obliteram e preferem a zona do silêncio no momento sacralizado da aula.

3

A escola brasileira, como todos sabemos, entrou numa espécie de *crise em espiral*, movimento descendente que transformou problemas circunstanciais em desajuste estrutural. As análises que vêm sendo feitas pelos especialistas em educação e a própria realidade cotidiana de nossa escola apontam para um quadro extremamente difícil e cuja saída requer determinação política, hoje, necessariamente articulada com a construção de um projeto nacional que coloque entre suas prioridades a erradicação do analfabetismo, a manutenção da criança na escola, a busca do ensino de qualidade, os investimentos em ciência e tecnologia. Ou seja, o que está em jogo para a melhoria da escola que temos é a existência de vontade política para fazer uma nação mais ou menos autônoma, com maior ou menor independência no plano científico e tecnológico. E isto pode ser tudo, menos uma questão de ajustes momentâneos dos equívocos vividos pela escola.

Este não é, certamente, o local para se discutir os vários nexos que produziram e continuam a produzir a *crise em espiral*. Cabe lembrar, todavia, conquanto de passagem, que nascem no interior desta crise as reais ou pseudo-políticas formuladas pelos órgãos ligados à educação, tanto em nível municipal quanto estadual ou federal. Resulta daí que discutir os significados de ler e escrever, de exercitar dialógica ou monologicamente a linguagem, de conceber a palavra numa dimensão instrumental, nominativa ou ideológica, torna-se cada vez mais um problema de adequação ao tipo de projeto nacional que se deseja construir. É difícil, por exemplo, conciliar programas de desenvolvimento inibidores de novos desajustes sociais e que busquem a formação de sujeitos plenos de cidadania mantendo uma escola que conceba o ensino da palavra à luz de uma dimensão meramente nominativa, ou insistindo que escrever é reproduzir modelos; e mesmo que ler é dominar formas instrumentais que orientam manuais de operação de máquinas ou códigos restritos da linguagem burocrática.

Há, pois, um pressuposto que deve guiar nossas possíveis conclusões. Para transformar a escola em algo movente, capaz de inverter a presente posição da espiral, é necessário repensá-la historicamente. A escola iluminista foi comida pelo seu mito de origem e acabou tentando adequar-se, canhestramente, ao projeto da razão instrumental burguesa sem possuir entre nós flexibilidade para tanto. Restou, ao que parece, um modelo híbrido, só que ajustado pela sua vertente negativa: nem alcança a formação humanista, nem tampouco consegue entender o sentido e as funções desta outra face da razão instrumental, aquela voltada às novas tecnologias. Em outros termos, estamos com uma escola à busca de um Projeto, mas este fica à espera da definição de um Projeto maior ainda e que passará, necessariamente, pela definição do tipo de Estado que a sociedade brasileira deseja construir. Enquanto isso, no meio do mar, a escola vai ao cinema assistir a *E la nave va*, de Federico Fellini.

4

O que procuramos mostrar nesta pesquisa é que, dentre as várias faces da crise vivida pela escola, uma revelou-se com grande evidência: o descompasso existente entre o estrito discurso didático pedagógico e as linguagens não institucionais escolares. Uma formalizando as ações na sala de aula, constituindo a natureza "única e diferenciada" do discurso escolar; a outra pressionando "de fora", existindo na fala dos alunos, tomando boa parte do seu tempo, circulando de forma subterrânea.

Há, no caso da possível ação da escola *com* e *sobre* as linguagens não institucionais alguns elementos complicadores. Em primeiro lugar, pelo fato de estarmos diante de formas relativamente novas entre nós, outras de impacto público recente e mesmo aquelas que por força de pressões contextuais atingem um circuito de recepção muito pequeno. Sejam quais forem os motivos, a escola parece não reconhecer institucionalmente as linguagens, formas e meios que sugiram concorrência no trato do conhecimento.

No entanto, o rádio, veículo de grande alcance popular desde os anos 1930, que seguramente não se enquadra em qualquer das variações supramencionadas, pois possui quase cem anos, sempre teve forte audiência, além de custar pouco, também vive à margem da escola. Ainda que atue intensamente na vida dos alunos, como apontam os dados do questionário referentes ao tipo de relação que as crianças pesquisadas mantêm com o rádio.

A televisão, por seu turno, conquanto tenha iniciado suas transmissões no Brasil na década de 1950, difundiu-se no começo dos anos 1970, inclusive por força dos projetos de integração nacional patrocinados pelo regime militar, generalizando-se subsequentemente. Porém, ao evidente impacto da televisão, não corresponde necessariamente um olhar da escola instruído pela perspectiva da leitura crítica do meio. Esta atitude de olímpica indiferença pode derivar da somatória de alguns fatores, tanto os resultantes da relativa novidade do veículo — logo, da falta de certos instrumentais para entendê-lo — quanto de sua não legitimidade diante do sistema escolar. Seja como for é preocupante recolher os dados da pesquisa que apontam ao mesmo tempo o impacto exercido pela televisão e a correspondente paralisia da escola em discuti-la e questioná-la junto aos alunos.

O cinema e o teatro, para agregarmos exemplos de linguagens que têm sua tradição, mas cujos impactos públicos entre nós são hoje limitados, vivem numa espécie de situação limite, sendo frequentados por pessoas que furaram o circuito da carência tanto econômica como cultural. Em particular o cinema — que assistiu nestas últimas décadas a uma drástica redução no número de salas exibidoras e que vive a concorrência da televisão e outras formas de reprodução das imagens — só é referido pelos alunos quando se trata de lembrar um ou outro sucesso gerado pelo espalhafato da indústria dos filmes.

Os jornais e revistas, por seu turno, são veículos de circulação reduzidos, consideradas as dimensões da população brasileira, mas possuem alguma presença na vida dos alunos, constituindo-se, também, em material a ser trabalhado de forma mais sistemática na sala de aula.

Em segundo lugar, está a própria dificuldade operacional dos professores com relação àquelas linguagens. Muitas delas lhes são absolutamente desconhecidas, o que torna possível considerá-las tanto para efeito de incorporação a novas práticas didáticas como para submetê-las a qualquer crivo crítico.

Não se está, evidentemente, imaginando, nos quadros da escola brasileira que temos, a existência de um professor capaz de dominar e operar todas aquelas linguagens. Seria um contrassenso. É preciso ter em mira, porém, que a presença das novas tecnologias no cotidiano dos alunos obriga — e obrigará cada vez mais — a se repensar as próprias estratégias de formação dos profissionais em educação. E, no que diz respeito aos educadores em exercício, serão necessários programas de formação continuada em serviço com vistas a responder às demandas colocadas, por aquelas linguagens. Os dados da pesquisa são tão eloquentes que requisitam desenvolver aqui e agora programas de capacitação dos educadores para enfrentar os desafios colocados pela nova realidade técnica e seus evidentes nexos éticos, filosóficos e políticos.

No caso desta (re)qualificação profissional cabe lembrar que o próprio papel de mediação exercido pelos professores deverá ser rediscutido.

Nas duas últimas décadas tem-se questionado intensamente a figura do professor que "doa" o saber aos seus alunos. A crescente presença das concepções dialógicas e interacionistas levou à revisão — conquanto em muitos casos ainda meramente teórica — dos procedimentos que tendiam a ver nos alunos receptores passivos do discurso pedagógico legitimado e legitimador de conhecimentos considerados como únicos e inquestionáveis.

Admitamos, portanto, que o próprio conceito de mediação ganhou significados segundo certos contextos de sentido dados por circunstâncias históricas, ideológicas, políticas etc. Isto é, mediar o conhecimento na escola dos anos 1960 ou 1970 — respeitadas aqui as sempre louváveis exceções — era funcionar como centro fixo de uma relação feita numa única mão de direção. O diálogo transformou-se, simplesmente, num jogo de perguntas e respostas cuja regra estava dada desde sempre. A pergunta saía do professor, a resposta — pelo menos a definitiva e procedente — também.

É possível que este tipo de consciência mediativa tenha mudado bastante nos últimos anos e esteja seguindo as regras de um jogo que não possua a linearidade apontada anteriormente, ganhando os diálogos entre professores e alunos força de efetiva interlocução.

De todo modo, o professor, mesmo que dotado desta nova postura mediadora, continua fazendo uso de recursos que dificilmente apresentam a força interlocutiva desejada. O caso do livro didático — e não vamos aqui entrar em seu mérito — é exemplar. Concebido dentro de rígidas estratégias mercadológicas, o manual passou a funcionar como "o livro" de Português, Matemática ou Ciências. Isto é, como revelador do conhecimento acumulado por uma área, no qual os alunos devem estudar e responder aos exercícios propostos no fim das lições ou nos cadernos de atividades. Alguns destes manuais pouco se afastaram conceitual e praticamente dos velhos esquemas dos estudos dirigidos fundados no behaviorismo skineriano. Assim, muitas vezes, o professor está imbuído de uma concepção interacionista, mas — e de novo não vem aqui ao caso discutir os porquês — apoiado num livro didático que progride segundo uma lógica não muito distante daquela que orientava a prática mediativa dos anos 1960 ou 1970.

A questão é que muitas das linguagens formalmente não escolares trabalham e trabalharão com referências mediativas inteiramente diversas. Aí parece residir uma das dificuldades que apresentamos neste segundo conjunto de complicadores para se incorporar à sala de aula linguagens como, por exemplo, a do rádio ou da telenovela.

E partamos da hipótese de que estamos falando de um educador dialógico, preocupado em exercitar uma efetiva mediação com os educandos, desejoso de buscar procedimentos interacionistas. Mesmo assim, não se pode desconsiderar o fato de o livro didático, por exemplo, operar com conteúdos fixos, que progridem com maior ou menor lógica, que distribuem de forma mais ou menos pertinente as informações. Em outros termos, a surpresa está controlada pela linearidade da sequência programática e um ou dois anos de adoção do mesmo livro pode significar, para o professor, o "domínio do conhecimento". Elimina-se o incômodo da surpresa, portanto do desafio para se indagar sobre o sentido de certas afirmações; os atalhos podem ficar convenientemente bloqueados. Claro está que excedemos no fenômeno para evidenciar o processo. Um professor dialógico e interacionista olhará com permanente desconfiança o conhecimento conforme formulado pelo livro didático: o horizonte deste tipo de educador deve ser mais amplo.

O problema é que as linguagens institucionalmente não escolares formam espécies de fontes entrópicas, que podem possuir sua organização e lógica interna nos lugares de onde se originam, mas estão em aparente ruína quando referidas aos seus possíveis aproveitamentos pela escola. Neste sentido, a própria ideia de professor-mediador necessita ser redefinida, dado o fato de que tanto o objeto de referência é novo — não mais o livro didático, mas um console de *game*, e mesmo um CD-ROM ou um CDI — quanto o *modus operandi* é diverso. Afora o fato evidente de os mecanismos de linguagem ganharem outras dinâmicas que irão produzir significados e resultados muito afeitos ao universo lúdico. Em síntese, o que se coloca aqui é um percurso apenas medianamente conhecido, pois novos programas passam a envolver outras tantas dificuldades e o requisito de aprendizagens de códigos ainda não conhecidos.

Sem desejar estabelecer qualquer termo de comparação, mas apenas para tentar esclarecer pelo exagero, enquanto o exemplar do livro didático do professor pode ser preenchido uma única vez e por muitas primaveras seguir a viagem da casa à escola, as máquinas de fliperama, os videogames, os novos programas interativos servem somente para uma estação do ano.

Se quiséssemos avançar um pouco mais nesta reflexão, introduzindo elementos de uma escola que entre nós parece coisa de ficção científica, mas já em funcionamento em outros centros mundiais, diríamos que o papel de mediação do professor tende a se redefinir. Os sistemas multimidiáticos, calcados em formas integrativas e interativas que possibilitam ao aluno construir "programas de aulas" situará o professor em outro patamar, que poderá até ser melhor, a depender da determinação e vontade dos envolvidos. Um pouco disto já pode ser visto entre nós em experiências levadas a termo por educadores-pesquisadores que têm trabalhado na produção de materiais didáticos calcados na potencialidade dos programas de computadores e nas mídias interativas. É curioso, neste sentido, uma produção realizada pela BBC de Londres. A emissora inglesa elaborou uma série dedicada a *Roma Antiga*, toda calcada nos procedimentos da realidade virtual e que permite "viajar" por ruas, entrar em casas, reconhecer aspectos afeitos à vida, à organização política e social daquela civilização. Num certo sentido, o que subsidia a experiência de aprendizagem dos expectadores é a existência de uma linguagem interativa muito próxima da utilizada pelo videogame.

5

As observações aqui realizadas poderiam levar a um capítulo final calcado, à moda machadiana, em várias negativas. Não se pretende decretar que doravante as linguagens institucionais não escolares serão "a escola". O narcisismo tecnológico contemporâneo, cada vez mais encantado com seu próprio espelho, não representa a tábua de salvação do ensino brasileiro. A sedução exercida pelo videogame, pela sintaxe descontínua da MTV, pelos fragmentos publicitários, não podem colidir com o necessário trabalho sistematizador que envolve procedimentos de proposição, desenvolvimento/maturidade, síntese/

conclusão. Ou seja, de processos laboriais e de investigação que requisitam um tempo de plantio, florescimento e colheita. E aqui existem ações a serem desenvolvidas pela escola que, felizmente, ainda não desapareceram.

Ademais, num país que promoveu tal deterioração no sistema de ensino — em curiosa distonia com as próprias necessidades de expansão do capital — fica difícil propor ações que fujam muito à realidade de redignificar o estrito trabalho educacional. Isto é, melhorar os salários e a qualificação profissional dos professores e demais trabalhadores em educação, destinar mais verbas ao setor, dar, enfim, as condições mínimas para que a ação didático-pedagógica possa ocorrer de forma plena e continuada.

Nada disto, contudo, altera a natureza dos dados que coletamos e que mostram estarem as crianças, hoje, pelo menos na cidade de São Paulo, extremamente envolvidas com novas linguagens, estímulos e formas de conhecimento que vivem à margem do discurso institucional escolar. Neste sentido, a questão deve ser vista não apenas como pressão dos meios de massa, da indústria do consumo, da sedução do entretenimento, mas como dado de realidade que marca a vida neste fim de século. Razão pela qual a melhor tática não é a do avestruz. Trata-se, em última instância, de equipar os alunos — e os próprios professores — para aprenderem a conviver, ler e entender melhor os significados, mecanismos de ação e resultados práticos destas novas linguagens. Há nesta direção problemas técnicos, políticos e, sobretudo, éticos, cujas consequências se apresentam para todos nós e que devem ser intensamente considerados e discutidos com os alunos. Desconhecê-los ou sonegá-los só ajudará a escola a ampliar ainda mais a sua crise.

6

Os ensaios a seguir buscam contribuir para uma ampliação do diálogo entre a escola e os meios de comunicação. Neste sentido, tanto procuram considerar certos aspectos de funcionamento da linguagem dos veículos escolhidos para serem analisados como, na medida do possível, encaminham sugestões que possam, eventualmente, ser aproveitadas pelos profissionais da área da educação.

Os ensaios, conquanto realizados por pesquisadores diferentes, logo refletindo a existência de estilos variados e distintos tempos de maturação dos temas — o que resulta em questões que podem ser retomadas e retrabalhadas — mantêm entre si um forte sentido de unidade. É este fio condutor posto em torno das relações escola/comunicação que autoriza falar na existência de textos vivendo sob regime de "autonomia integrada".

Os títulos dos trabalhos são elucidativos e reiteram o que se afirmou quanto ao problema central que os articula. Televisão, publicidade e escola; Telejornal: o cotidiano em sala de aula; O jornal e a prática pedagógica; Rádio e educação: um diálogo possível; Super-homem, Mônica & Cia. — que realiza uma abordagem sobre as histórias em quadrinhos e seu uso em sala de aula; Teatro: recurso lúdico e pedagógico; Jogos interativos e cotidiano escolar — uma reflexão sobre a linguagem do videogame e suas potencialidades de uso no universo escolar.

I
Televisão, publicidade e escola

*Eliana Nagamini**

Uma abordagem pedagógica dos processos que envolvem os MCM (meios de comunicação de massa) constitui um desafio para muitos educadores que reconhecem o papel da mídia na formação dos educandos. O primeiro obstáculo é a própria instituição escolar que não vê o campo da comunicação de massa como objeto de reflexão no universo da escola, embora ele esteja presente no cotidiano tanto dos alunos como dos professores. Assim, ao partir do pressuposto de que *a interação do aluno com as linguagens da mídia produz modos diferenciados de construção do imaginário*, a escola incorre num profundo anacronismo, na medida em que pouco ou nada discute sobre determinados valores éticos, estéticos e ideológicos apresentados pelos MCM, tampouco o modo de construção de sua linguagem, nem as possíveis mudanças comportamentais provocadas pelo bombardeio de produtos midiáticos.

O impacto dos veículos de massa na vida do aluno, assim como a influência que exercem nos modos de recepção e interpretação do mundo são fatores que justificam uma abordagem pedagógica desses veículos. *Uma "educação para os meios" contribuiria para a formação de um "leitor" capaz de posicionar-se criticamente diante das mensagens transmitidas, reconhe-*

* Doutora em Teoria Literária pela USP.

cendo que elas não são neutras, já que marcadas por uma série de interesses.

Deve-se considerar, no entanto, que não se trata da substituição do conhecimento consagrado pela e na escola. O aspecto mais importante a fundamentar o trabalho didático-pedagógico é o modo como a mídia opera as linguagens visual e verbal visando a produzir um determinado efeito.

Nesse sentido, as pesquisas realizadas no Projeto Integrado "A circulação do texto na escola" podem contribuir para levar o debate à escola, sobretudo porque detectaram a presença, mesmo que tímida, de materiais não didáticos, isto é, materiais que não foram produzidos com fins didático-pedagógicos mas são adaptados e utilizados na sala de aula. Enquadram-se nessa tipologia o teatro, o videogame, o jornal, a história em quadrinhos, a televisão etc.

Este estudo terá como objeto a televisão por ser um dos veículos de massa apoiado na relação imagem/palavra, por oferecer um lazer acessível considerando o seu baixo custo, e principalmente por ser um canal de informação e comunicação capaz de abarcar com eficiência uma camada enorme da população, tanto de alfabetizados como de analfabetos.

Uma abordagem pedagógica da Televisão pode mudar o rumo das discussões que giram em torno dela. Críticas tanto pró como contra devem ser reavaliadas para não ficarmos nos extremos. Segundo Adorno (1975), a TV pode tornar-se um instrumento de alienação pois ela, enquanto produto da indústria cultural, interfere na formação da consciência do consumidor, o que está longe de ser inofensivo na medida em que propaga o conformismo mediante modelos e estruturas que não permitem a criticidade. Por outro lado, considerar que a televisão é capaz de mobilizar uma massa enorme da população levando-a a intervir na realidade que é reportada, como quer Arlindo Machado (1993), pode conter, também, um certo exagero.

Mas é ainda Arlindo Machado que aponta o grande obstáculo para o aproveitamento pedagógico desse veículo: o preconceito.

> "Para que possamos interferir na televisão é preciso conhecê-la e não desenvolver preconceitos contra ela, sobretudo dentro da instituição escolar. Permitir um maior domínio da linguagem da TV, assim como o conhecimento dos mecanismos que envolvem os MCM pode ser um caminho para a formação do 'leitor crítico'".

Afastar-se desse preconceito implica uma nova perspectiva, como propõe Arlindo Machado (2001) com "uma nova maneira de pensar a televisão". Trata-se da busca de um sentido de qualidade na televisão, abordando não somente a questão do repertório, mas principalmente a leitura desse veículo a partir de seus aspectos específicos quanto à linguagem, à tecnologia e às condições de recepção.

Nesse sentido, também vale destacar o pioneirismo do projeto desenvolvido pelo Núcleo de Comunicação e Educação (ECA/USP), Educom.TV, direcionado para professores da rede pública de ensino do Estado de São Paulo, no ano de 2002, sob a coordenação do Prof. Dr. Ismar de Oliveira Soares, Prof. Dr. Adilson Citelli, Profa. Dra. Marilia Franco e Profa. Dra. Cristina Costa. O enfoque do Educom.TV era refletir sobre linguagem audiovisual como prática educomunicativa.

O texto televisivo é composto pelos programas propriamente ditos (novelas, filmes, telejornais, desenhos animados etc.) entremeados por propagandas comerciais, com roteiros diferenciados daqueles pertencentes à programação televisiva. Ao assistir a qualquer programa de TV o telespectador absorve também uma certa quantidade de mensagens publicitárias; por isso a publicidade constituiu um tópico à parte.

Neste estudo, a análise da televisão na escola foi dividida em quatro etapas: a primeira registra os discursos sobre a TV, dentro da sala de aula, durante a primeira fase da pesquisa realizada em 1992-93; a segunda capta aspectos mais gerais da presença da TV na vida do aluno; a terceira aponta os programas de maior preferência dos alunos pesquisados; e a quarta detecta o impacto das propagandas publicitárias. As três últimas etapas constituem a análise dos dados computados na segunda fase da mesma pesquisa.

Os discursos sobre a TV

Telejornal

> Episódio 1 — escola C — aula de Português — 3ª série[1]
> A professora transcreveu na lousa um texto ("O burro, o cachorro e o marreco") no qual havia o vocábulo "serra". Como alguns alunos tinham dúvidas sobre o significado desse vocábulo, a professora esclareceu-lhes que era uma montanha com vários picos e mata densa; para ilustrar a sua exposição ela mencionou uma reportagem veiculada pelos telejornais, no dia anterior a essa aula, sobre um resgate de pessoas perdidas na Serra do Mar.

A referência à reportagem serviu para explorar apenas um dos significados do substantivo "serra", com o intuito de resolver rapidamente a dúvida dos alunos.

Marcela Cristina Evaristo, no ensaio "Compreendendo textos: o questionário e o vocabulário" (cap. III, *Aprender e ensinar com textos*, v. 2), discute aspectos problemáticos do trabalho com vocabulário. Ela salienta que:

> "a tentativa para facilitar e agilizar o processo de leitura pode ser a causadora de um novo problema: apresentando apenas uma acepção, geralmente a que se considera a mais adequada ao texto, impede-se o contato com a riqueza de outras possibilidades de sentidos".

As imagens da TV também não motivaram outras discussões, como, por exemplo, o tipo de vegetação encontrada na Serra do Mar; por que as pessoas se perdem; quais as dificuldades encontradas pelos bombeiros; como esse tipo de acontecimento é veiculado pela emissora, que transforma em espetáculo fatos e informações.

---

1. Essa nomenclatura atualmente segue as determinações da Resolução nº 3, de 3 de agosto de 2005, publicada pelo Conselho Nacional de Educação da Câmara de Educação Básica. Segundo a resolução, as novas normas antecipam a obrigatoriedade de matrícula no Ensino Fundamental, dos 6 aos 10 anos (anos iniciais) e de 11 a 14 anos (anos finais). Assim, a 3ª série equivale, hoje, ao 4º ano do Ensino Fundamental.

Episódio 2 — escola C — aula de Religião[2] — 3ª série

Durante a aula foi registrada uma conversa informal, em que dois alunos (interação aluno/aluno) referiam-se ao sequestro da irmã do apresentador de TV, Sílvio Santos, cuja reportagem fora veiculada nos dias anteriores.

Dois aspectos devem ser ressaltados neste episódio: o desinteresse do aluno pelo assunto da aula e o interesse por outro tema, no caso o sequestro.

A causa do desinteresse poderia ser tanto o distanciamento do aluno para com o discurso católico devido ao fato de a família pertencer a outra religião, quanto à aplicação de uma dinâmica inadequada para essa aula, ou a somatória de ambas. Em consequência, o tema "sequestro" estaria despertando maior interesse por se tratar de um assunto geralmente imbuído de dor e violência, envolvendo pessoas de destaque, e por ser espetacularizado nos veículos de massa.

Episódio 3 — escola C — aula de Português — 3ª série

Para iniciar a aula num dia tumultuado pela chuva e por uma greve de motoristas de ônibus (13/5/1992), a professora[3] conversou informalmente sobre tais acontecimentos.

Os alunos, ao serem questionados pela professora sobre a greve, disseram que o fato ocorria quando trabalhadores interrompiam suas atividades para reivindicar aumento de salário. Porém, no decorrer das falas dos alunos, um deles afirmou, e outros concordaram prontamente, que o motivo da greve também era o fato de alguns meninos terem jogado pedras e bolinhas de gude nos ônibus.

Ressalte-se que os telejornais do dia anterior apontaram esse acontecimento, ocorrido na zona oeste da Capital, como um suposto piquete praticado por membros da categoria que estariam apoiando o movimento grevista. Não podemos afirmar, no entanto, que o estímulo para iniciar a discussão em sala

---

2. Essa aula foi registrada como componente da grade curricular por ser dada de maneira sistemática, geralmente uma vez por semana com duração de trinta minutos, e tem como professor um catequista da paróquia local.

3. Essa professora substituía nesse dia a professora titular.

de aula tenha sido a referida reportagem, já que a professora não tematizou o teor da notícia.

A análise desse episódio nos conduz a dois aspectos muito importantes. O primeiro é a questão da professora denominada "eventual". Normalmente elas permanecem na escola durante as primeiras horas do período de aulas do Nível 1 (1ª a 4ª série),[4] e substituem a professora titular, caso esta não compareça.

O trabalho pedagógico da professora eventual é, portanto, prejudicado pela casualidade de sua entrada na sala de aula, visto que o seu contato com os alunos ocorre esporadicamente e o conteúdo de sua aula encontra-se, geralmente, no limite da matéria dada pela professora titular, e raras vezes há a possibilidade de um planejamento pessoal.

Por isso, a estratégia utilizada pela professora — conversa informal sobre os acontecimentos do dia — é compreensível, na medida em que o seu objetivo era apenas o de estabelecer uma interação (professor/aluno) nos primeiros momentos da aula, para depois preocupar-se com a matéria a ser dada, ou melhor, revisada.

Episódios como este poderiam ser trabalhados com base em um estudo sobre a elaboração de um telejornal (seleção de reportagens, edição, diferenças de emissoras etc.), respeitando-se a série a que pertencem os alunos. Não podemos, porém, exigir da professora eventual a realização de um estudo como esse, tendo em vista os problemas que ela já enfrenta no seu dia a dia.

O segundo aspecto é o problema da interpretação dos fatos pelos alunos sobre a reportagem veiculada nos telejornais. A apresentação descontextualizada dos acontecimentos e as afirmações feitas pelos repórteres, sem a devida comprovação de sua veracidade, podem comprometer a leitura realizada não só pelo aluno, mas pela sociedade de um modo geral. A notícia, além de não chegar bruta, passa também pela filtragem daqueles que a veiculam e que, portanto, selecionam as imagens e

4. Equivalente aos anos iniciais do Ensino Fundamental.

enunciados que melhor se mostrem adequados à ideologia defendida pela emissora.[5]

Episódio 4 — escola C — aula de Português — 5ª série[6]

A professora apresentara anteriormente os "substantivos abstratos" a partir da exibição, em vídeo, dos filmes *Esqueceram de mim* e *Cristal Encantado*. O uso desses filmes, muito próximos do universo dos alunos daquela faixa etária, proporcionara discussões sobre as sequências narrativas e os sentimentos gerados pelo enredo. Assim, para resgatar e retrabalhar os dois tópicos já estudados (textos narrativos e substantivos abstratos) o tema desta aula "diálogos direto e indireto" foi trabalhado a partir da elaboração coletiva (grupos de três ou quatro alunos) de pequenos textos narrativos, escritos coletivamente em grupos de três ou quatro alunos.

O enredo, proposto pela professora, deveria conter uma situação polêmica entre dois ou mais personagens, mediada por um narrador, tendo como destaque o sentimento de raiva gerado pela intriga. Após a produção dos textos, alguns seriam dramatizados pelos seus autores em sala de aula.

Para exemplificar a tarefa, a professora usou um bate-boca entre duas vizinhas motivado por uma situação tensa, episódio muito semelhante àqueles reportados pelo telejornal *Aqui, agora*[7] e apresentados, na ocasião, pelo repórter Celso Russomano.

Os textos produzidos em sala de aula e selecionados para a dramatização foram:

a. uma professora e duas alunas. A professora coloca as duas alunas de castigo por estarem discutindo. É muito natural que o tema "escola" esteja presente nas produções de textos dos alunos pois a escola tem um papel muito importante em sua vida, tanto na aquisição de saberes como na socialização. Note-se, ainda, que o tipo de situação que está em jogo não se restringe

---

5. Seria interessante a realização de um trabalho pedagógico que levasse em consideração as especificidades do telejornal. Ver o Capítulo 2, "Telejornal: o cotidiano em sala de aula", de Patrícia C. Montezano, desse volume.

6. Hoje é equivalente ao 6º ano do Ensino Fundamental.

7. O telejornal foi exibido pelo SBT de 1991 a 1997.

ao ambiente escolar, pois mostra uma relação de poder que pode também estar presente no universo familiar.

b. um narrador e três jogadores de futebol. Três jogadores brigam dentro do campo de futebol durante uma partida, que é interrompida. No desenvolvimento do tema "futebol", o esporte propriamente dito é focalizado em segundo plano, servindo de pano de fundo para o tema "violência".

c. quatro amigas. Uma das meninas conta uma fofoca sobre outra, gerando um desacordo entre elas. Este tema pode estar relacionado tanto à vivência dentro da escola como fora.

Embora a professora não tenha dado enfoque às especificidades da produção televisiva do jornal, a sua prática nos revela uma preocupação com a inter-relação da imagem com a palavra para compor a representação. A utilização do telejornal como exemplo é um indicativo de que a professora considera a participação e influência da TV na leitura que o aluno faz do mundo, e constitui um primeiro passo para a realização de um trabalho com a linguagem da mídia.

> Episódio 5 — escola C — aula de História — 8ª série[8]
>
> Para ilustrar a matéria (relações entre o café e a indústria na época colonial), a professora fez uma referência a uma reportagem do telejornal *Nacional* (TV Globo), sobre locomotivas desativadas e a necessidade de colocá-las em uso novamente devido à grande demanda de grãos.

Não foi registrada nenhuma discussão posterior; deste modo, a reportagem serviu apenas como um referencial. A notícia, que poderia ser usada para uma análise dos aspectos histórico-econômicos do Brasil Colonial que ainda repercutem no setor agrícola, diluiu-se no conteúdo já programado para a aula.

> Episódio 6 — escola E — aula de Português — 5ª série
>
> A professora interrompeu a atividade do dia (resumo) para perguntar sobre a realização da pesquisa que solicitara. Os alunos deveriam ler os jornais ou assistir aos telejornais da TV

8. Hoje é equivalente ao 9º ano do Ensino Fundamental.

procurando verificar a divulgação do Dia Nacional da Poesia. Como não houve nada de relevante, deu-se continuidade à aula.

A postura da professora nos leva a perguntar qual seria o motivo para a solicitação de tal pesquisa: a matéria só poderia ser desenvolvida a partir da divulgação nos veículos de massa?

Como inexistiu discussão torna-se difícil saber se o enfoque seria para a importância da referida data ou para uma possível seleção de notícias realizada por emissoras de TV e jornais. De qualquer modo, o fato de não ter havido nada de relevante mostra a falta de espaço para a poesia nos veículos de massa — que acabou por se reproduzir na sala de aula.[9]

Telenovela

Episódio 7 — escola C — aula de Matemática — 5ª série

No início da aula, a professora perguntou aos alunos se eles haviam feito a lição de casa ou preferiram assistir às novelas *Alcançar uma estrela, A estranha dama, Vovô e eu*, todas do SBT. Tal atitude não representou uma censura direta ao fato de os alunos verem telenovelas, foi antes uma tentativa de interação professor/aluno, em que a professora, sutilmente, pretendia verificar a realização ou não da tarefa.

Nota-se que ainda prevalece um preconceito nos discursos sobre a TV, tendo como principal motivo a incompatibilidade entre o estudo e os programas televisivos, ou seja, a fronteira entre o lúdico e o pedagógico permanece muito demarcada.

Episódio 8 — escola C — aula de Português — 5ª série

A professora estava trabalhando com os processos de montagem de textos narrativos e para mostrar que alguns enredos são construídos de forma não linear, ela usou como exemplo a

9. A presença da poesia na sala de aula, bem como a prática pedagógica utilizada no seu estudo, são discutidas por Ana E. L. Gebara no Capítulo IV, do volume 2 desta coleção.

novela *Riacho Doce* (TV Globo), programa que muitos alunos tinham visto.

Esta professora é a mesma do episódio 4. Percebe-se, deste modo, o uso sistemático de programas de TV, com gêneros populares como telenovela, são abordados com um fim pedagógico, ainda que não sejam tratados em suas especificidades (formatação, cenário, edição etc.), podem servir de referência ao conteúdo de ensino a ser trabalhado. Estudos sobre a telenovela, como o de Lopes, Borelli e Resende (2002), apontam como processos culturais e comunicacionais se revelam na produção e recepção desses programas. Nesse sentido, a telenovela nos oferece um bom material para desenvolver a leitura crítica da televisão.

Episódio 9 — escola D — aula de Português — 8ª série

Registrou-se, nesta aula, o fato de um aluno receber de seus colegas a alcunha de "Cirilo", personagem da novela mexicana *Carrossel*, que era exibida no SBT. Esse personagem é o único aluno negro da escola onde se desenrola a trama.

Esta é uma indicação da leitura que o aluno realiza. A personagem de ficção é decodificada e projetada na imagem do colega de classe. Nesse sentido, podemos dizer que há uma interferência do texto televisivo nas relações interpessoais, que tanto pode ser negativa como positiva dependendo do teor pejorativo ou não da analogia.

Programa infantil

Episódio 10 — escola B — aula de Português — 3ª série

Foi distribuído aos alunos o texto "Tião" para ser efetuada a leitura silenciosa e a oral.

Texto: Tião

Tião é um menino muito triste

Não tem casa, não tem pai, não tem mãe. Vive sozinho na rua

Come restos de comida

Passa no bar do senhor Manuel e pede:

> — Dá um pedaço de pão.
>
> Passa na casa de Carlos e fala:
>
> — Tem alguma coisa pra dar?
>
> A mãe de Carlos dá um pedaço de pão.
>
> Tião come e mata um pouco da fome.
>
> Mas Tião continua sem casa, sem pai, sem mãe.
>
> Sem pão, sem amor.
>
> Em seguida os alunos dividiram-se em grupos para preencher um quadro ("Vamos entender melhor o texto Tião?"), contendo três perguntas: a) como é a personagem?; b) o que a personagem faz sempre?; c) o que a personagem fala? Para o desenvolvimento desta atividade a professora iniciou uma discussão sobre o texto. Os alunos citaram as características de Tião a partir da leitura realizada por eles: "sujo, roupas rasgadas, descalço, cabelos sujos".

Alguns alunos relacionaram Tião com *Chaves*, protagonista do programa infantil de mesmo nome e exibido pelo SBT. Este aspecto é muito interessante na medida em que "Chaves" não é um menino que anda sujo, descalço ou com roupas rasgadas, embora não deixe de ser um protótipo de criança abandonada porque o que o caracteriza é a situação em que vive: falta de moradia — mora num tonel localizado perto de algumas residências de pessoas de classe baixa — e nunca aparecer com os pais ou fazer referência a eles. A tristeza de "Chaves" não é destacada — ele se notabiliza pelas suas peripécias ao brincar com as outras crianças, já o tonel pode ser uma alusão àquelas personagens de desenhos animados como *Pica-pau, Pernalonga, Zé Colmeia* etc., que, numa situação de disputa, acabam perdendo todos os bens, tendo que substituir as roupas pelo tonel.

Assim, a relação de similitude entre as duas personagens, estabelecida pelos alunos, se dá apenas com base na mensagem explícita, isto é, a situação concreta apresentada (criança abandonada) e decodificada na representação metafórica da pobreza (tonel).

É bom lembrar, também, que se trata de textos distintos: um é televisivo (Chaves) e outro, verbal (Tião). Uma análise mais profunda das possíveis relações entre eles, do ponto de vista da linguagem e da construção dos sentidos, viria enriquecer a prática pedagógica.

Episódio 11 — escola B — aula de Geografia — 5ª série

Durante esta aula a professora propôs aos alunos o término da atividade iniciada na aula anterior (história em quadrinhos) e, em seguida, escreveu na lousa sete questões para serem copiadas e respondidas por eles. São elas:

1. Explique o que é paisagem.
2. Explique o que é natureza e como ela é modificada pela ação humana.
3. Por que dizemos que os elementos da natureza não existem isoladamente, mas formam conjuntos? Dê exemplos.
4. Explique como o homem cria o seu espaço.
5. Este espaço, aqui da região, é natural ou foi produzido? Explique.
6. Relacione quais são os problemas ambientais do nosso bairro, quais as causas e consequências desses problemas e como poderiam ser solucionados.
7. O que é tecnologia? Ela está presente no seu dia a dia?

No decorrer dessa aula, a professora sugeriu aos alunos que assistissem ao programa *Mundo da lua* (TV Cultura), direcionado para o público infantil e exibido às 19h30min. Alguns alunos corrigiram a indicação do horário fornecido pela professora, porque tinham o hábito de assistir ao programa, que era exibido às 19h45min.

Presume-se que a indicação tenha ocorrido apenas como uma referência ao próprio programa já que, aparentemente, não havia relação entre ele e a matéria, embora exista um episódio em que o protagonista "Lucas" realiza, em seu universo imaginário, uma viagem pelas regiões do Brasil; esse episódio porém não foi mencionado.

Não houve, também, nenhuma remissão à atividade desenvolvida anteriormente. A continuidade do trabalho com a HQ seria interessante para tornar a aula mais dinâmica do que responder ao questionário.[10]

---

10. Ver o Capítulo 4, "Super-homem, Mônica & Cia.", de Kazuko K. Higuchi, neste volume, e o Capítulo 3, "Compreendendo textos: o questionário e o vocabulário", de Marcela C. Evaristo, volume 2 desta coleção.

Programa educativo

Episódio 12 — escola D — aula de Geografia — 5ª série

A professora ilustrou o conteúdo da matéria ("cadeia alimentar: interdependência da natureza") fazendo algumas citações a respeito do programa *Globo Repórter* (TV Globo), "Os mistérios da Amazônia", exibido alguns dias antes pela emissora, onde foi mostrada a cadeia alimentar de algumas espécies de peixes e a importância da manutenção desse ciclo.

Neste caso, o uso do programa foi adequado tanto do ponto de vista do conteúdo, porque há uma relação direta com a matéria, como para mostrar que a televisão também pode ser um instrumento pedagógico, não só lúdico.

Episódio 13 — escola L — aula de Ciências — 5ª série

Para ilustrar a matéria ("ecologia: reciclagem") a professora indicou o programa *Globo Ciência* (TV Globo) seguinte, em cuja reportagem seria demonstrada a reciclagem do plástico, experiência que não poderia ser feita em sala de aula.

O programa, que serviu para complementar o conteúdo, teria sido melhor aproveitado se à indicação seguisse uma discussão em sala de aula, o que não ocorreu.

Filme na TV

Episódio 14 — escola D — aula de Português — 8ª série

Durante a aula foi registrada uma conversa, entre alunos, sem relação com a matéria. Como não foi possível detectar todo o teor do diálogo, constatou-se apenas o fato de um aluno ter recebido o apelido de "Piuí", personagem do filme *Pork's contra ataca*, que havia sido exibido pela rede Globo naquela semana de observação. "Piuí" é um adolescente libidinoso, o menor de um grupo de estudantes do último ano do curso; o filme termina com a jocosa cena em que o personagem, nu, recebe o diploma durante a cerimônia de formatura.

Não são apenas as telenovelas (episódio 9) que interferem no cotidiano dos alunos, os filmes também participam da construção dos sentidos, fornecendo tipos de representação que dialogam com a realidade.

Seriado

> Episódio 15 — escola L — aula de Geografia — 7ª série[11]
>
> O tema da aula era o Leste Europeu: a Perestroika, a passagem da URSS (União das Repúblicas Socialistas Soviéticas) para CEI (Comunidade dos Estados Independentes). Para o desenvolvimento dessa aula os alunos consultaram revistas, jornais, e a professora sugeriu a eles que acompanhassem um seriado, *O Império Vermelho*, exibido pela TV Cultura, sobre a história da URSS desde a Revolução até os dias atuais.

O enfoque dado ao programa não foi registrado devido ao tempo de duração da pesquisa em sala de aula. Mas, ainda que este programa não tenha sido discutido, notamos a preocupação, por parte da professora, em mostrar para o aluno como os veículos de comunicação (revistas, jornais e televisão) registram o mesmo acontecimento.

Programa humorístico

> Episódio 16 — escola C — aula de Matemática — 3ª série
>
> Nesta aula, os alunos estavam muito agitados com a proximidade da hora do recreio; por esse motivo a professora comparou-os ao personagem "Boneco" da *Escolinha do Professor Raimundo* (TV Globo), cuja caracterização baseia-se na sua ansiedade pela espera da merenda.

Tudo indica que os alunos assistiram pelo menos uma vez ao referido programa, pois todos concordaram com a professora e alguns até passaram a imitar o personagem. Nesse sentido, podemos dizer que o aluno aproxima momentos de seu cotidiano com alguns aspectos que caracterizam o personagem.

---

11. Hoje é equivalente ao 8º ano do Ensino Fundamental.

Programa esportivo

> Episódio 17 — escola C — aula de Português — 5ª série
>
> Durante a aula, dois alunos (interação aluno/aluno) conversavam sobre um jogo de basquete que passara na TV no dia anterior.

O tema "esporte" é pouco discutido em sala de aula, salvo em épocas em que alguma modalidade é destacada pelos veículos de massa, como a Fórmula 1 e a Copa do Mundo. Mas apesar de não terem sido registrados muitos discursos, há evidências de sua presença na vida dos alunos fora da disciplina específica Educação Física, como pudemos constatar na narrativa sobre jogo de futebol, escolhida para representação (episódio 4).

Propaganda comercial

> Episódio 18 — escola C — aula de Religião — 3ª série
>
> Houve, durante as atividades da aula, uma manifestação espontânea de um aluno, que reproduziu o *slogan* do produto Gelol: "Caiu, bateu, tem que ser Gelol".

Essa manifestação isolada do aluno pode parecer sem sentido. Numa primeira análise poderíamos perguntar o que o motivou a reproduzir tal *slogan*, já que aparentemente não houve nenhum estímulo externo.

Sendo assim, é preciso considerar algumas das características do *slogan*. A mais importante é a sua concisão, ou seja, a maneira como são utilizados os recursos linguísticos que, por sua vez, acionam outra característica, a de agradar pela repetição. O *slogan* eficiente é aquele que consegue formar um conjunto harmônico entre o significado e a sonoridade. Deste modo, o *slogan* bem-sucedido tem o poder de induzir o leitor a reproduzi-lo apenas porque conhece e gosta dele, considerando, também, que algumas vezes um pequeno estímulo pode ser o suficiente para acionar seu uso.

Este episódio mostra que a propaganda está presente no cotidiano dos alunos, mesmo aqueles mais jovens, e a manifestação do *slogan* surge, de modo geral, como um jogo lúdico. Por isso, é possível planejar atividades utilizando-se a linguagem da publicidade nos diversos veículos de massa. Para séries iniciais poderíamos, por exemplo, destacar a rima, o ritmo e a sonoridade do *slogan*, orientando o aluno na descoberta do jogo verbal que ele proporciona.

> Episódio 19 — escola C — aula de Geografia — 5ª série
>
> Enquanto a professora ditava um texto, elaborado por ela, cujo tema era "moradia", um aluno (manifestação espontânea) reproduziu a vinheta do telejornal *Aqui, agora* (SBT), no momento em que surgiu a palavra "aqui".

O telespectador memoriza o *slogan* ou vinheta pois é solicitado a decodificar várias vezes a mesma imagem/mensagem veiculada pela emissora. Essa mensagem pode ser expressa novamente a partir de um pequeno estímulo, como podemos constatar neste episódio.

Nem sempre é possível para o professor captar este tipo de manifestação. O que é mais importante, neste momento, é registrar que de fato a propaganda está presente no cotidiano dos alunos, sobretudo quando se trata de um *slogan*.

> Episódio 20 — escola C — aula de Matemática — 5ª série
>
> Quase no final da aula, a professora transcreveu na lousa a lição de casa que seria corrigida na aula seguinte. Durante esta tarefa, várias vezes ela referiu-se à telesena. Esse fato, talvez, tenha motivado a manifestação espontânea de um aluno ao reproduzir o *slogan*: "Telesena especial para o dia das mães".

A professora afirmou, também, que quem cumprisse a tarefa iria ganhar milhões na telesena. Prontamente um aluno lhe disse que havia marcado um ponto na telesena daquela rodada. Este episódio constituiu uma interação aluno/professor.

Os jogos de azar tornam-se populares devido à manipulação das expectativas, que lhe são inerentes, e fazem com que grande parte da população, sobretudo aquelas pertencentes às camadas mais carentes, participe de uma infinidade de jogos desse tipo (telesena, raspadinha etc.).

As peças publicitárias destinadas a divulgar esses jogos reforçam a ideia da realização dos desejos através do enriquecimento instantâneo, utilizando a popularidade de artistas, como o apresentador Silvio Santos e a apresentadora Xuxa (Papa-tudo).

Episódio 21 — escola C — mural da escola

Este episódio registra um cartaz exposto num dos murais da escola. Foi produzido por um aluno de suplência a fim de veicular uma campanha antifumo.

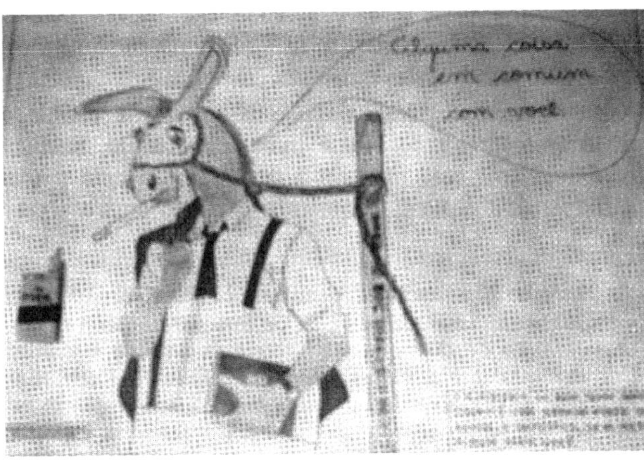

Infelizmente não foi possível registrar o processo pedagógico que motivou a elaboração do cartaz. Nota-se, apenas, que existiu um trabalho prévio em sala de aula.

A metáfora (estudante com cabeça de burro) enriquece e complementa o texto: "O ministério do bom senso adverte: o fumo é uma grande fonte de renda, e impostos, sem retorno algum para você", "Fria — Cia. de Cigarros Sob a Cruz".

Embora a construção do cartaz não contenha uma ideia inovadora, pois existe um pequeno adesivo criado a partir da mesma metáfora que circula há uns 10 anos, é preciso reconhecer que tal produção revela uma leitura crítica da publicidade feita para vender o produto em questão.

As campanhas publicitárias de cigarros baseiam-se na criação de uma imagem positiva de seu protagonista, geralmente um homem ou uma mulher, aparentando de 20 a 40 anos, independentes, bem-sucedidos, capazes de preencher suas vidas com uma infinidade de objetos, incluindo os respectivos companheiros que, por sua vez, possuem o mesmo *status quo*. Enfim, são figuras "perfeitas" moral e economicamente, fora do comum, que realizam atividades físicas no lazer, como praticar esportes, geralmente os de elite (campanha do cigarro Hollywood dos anos 1990), ou no trabalho (campanha do cigarro Marlboro dos anos 1990) e, ao mesmo tempo, consomem cigarros.

No caso específico da campanha do produto Free, os protagonistas são pessoas excepcionais, pertencem a classe média alta, praticam esportes diversos, e são profissionais de sucesso. A construção do *slogan* "Alguma coisa em comum" possui como fator de identificação o consumo do mesmo produto. Acrescente-se também o fato de que as personagens centrais aparecem dando dois leves toques na cabeça com o maço do cigarro, no momento em que o *slogan* é proferido por uma voz em *off*, e assim, a mensagem gestual deixa subentendido que fumar constitui um ato inteligente, praticado por pessoas que estão sempre de bem com a vida.

Note-se, contudo, que após a realização de pesquisas científicas, nacionais e internacionais, provando as consequências maléficas, tanto para a saúde como para o meio ambiente, causadas pelo cigarro, medidas governamentais foram tomadas na tentativa de reduzir o consumo. As embalagens dos produtos são obrigadas, atualmente, a trazer uma tarja: "Ministério da saúde adverte: fumar é prejudicial à saúde" (e outras semelhantes), e as campanhas publicitárias só podem ser veiculadas após as 21 horas.[12] Poderíamos questionar a eficiência dessas medidas a partir de um levantamento do consumo de cigarro entre os adolescentes, ou seja, até que ponto a propaganda é

---

12. Esse movimento antifumo adquiriu proporções legais nos últimos anos. Hoje, a lei antifumo restringe o consumo de cigarros em estabelecimentos fechados de uso coletivo, público ou privado, com previsão de pena para quem descumprir a lei (Lei n. 13.541, 7/5/2009).

capaz de influenciar o consumo de um produto e de estabelecer um determinado padrão de comportamento, considerando o horário em que são apresentadas, os roteiros, os tipos de protagonistas, a linguagem utilizada etc.

No exemplo apresentado, o aluno, na elaboração de sua contrapropaganda, critica o hábito de fumar e ridiculariza, através da metáfora do burro, a imagem positiva (inteligência) veiculada na maior parte das campanhas publicitárias dos cigarros.

O texto contém uma crítica quanto ao uso da verba arrecadada na comercialização do produto, ou seja, é um produto que possui altas taxas de impostos, cujo destino da arrecadação nem sempre é convertido em benefícios para a população. Por isso, ter "bom senso", como sinônimo de "inteligência" e "saúde", é não fumar. A similaridade sonora entre o nome do produto, Free, e o nome da pseudo-empresa, "Fria", completam a mensagem do aluno: fumar não é um bom negócio, pois o imposto pago pelo consumidor é elevado ("...é uma grande fonte de renda, e impostos"), e o uso do cigarro prejudica a saúde e pode inclusive levá-lo à morte ("sob a cruz"), isto é, literalmente consome o consumidor. Comparando as duas palavras nós temos: livre (traduzindo "free" do inglês) contraposto a "fria", que na gíria significa entrar num "péssimo negócio".

A TV na vida do aluno[13]

A presença da TV nas residências dos alunos aponta para uma tendência à aquisição desse aparelho pelas famílias, como mostram os dados da pesquisa:

Quadro 1. Tem aparelho de TV? (%)

	3ª série	5ª série	8ª série
Não	4,72	2,53	2,52
Sim	93,63	97,01	97,20

13. A totalização dos percentuais, em alguns quadros, ultrapassa os 100%.

É provável que a grande difusão desse veículo esteja relacionada tanto ao seu caráter lúdico, enquanto indústria do entretenimento, quanto à variedade de modelos que são lançados no mercado a preços relativamente acessíveis.

Comprova-se, também, a presença de mais de um aparelho na maior parte das residências dos alunos, privilegiando-se dois espaços da casa: a sala e o quarto; o primeiro como espaço coletivo e o segundo, individual.

Quadro 2. Quantos aparelhos de TV possui? (%)

	3ª série	5ª série	8ª série
1	32,31	34,71	32,21
2	37,97	35,40	36,41
3	14,86	18,16	19,05
mais de 3	8,49	6,67	3,64

Quadro 3. Em que lugar da casa fica o aparelho? (%)

	3ª série	5ª série	8ª série
Sala	75	84,14	76,75
cozinha	13,21	14,02	8,40
Copa	14,86	2,30	1,68
Quarto	62,74	62,53	63,31

A aquisição de mais de um aparelho pode estar sendo provocada pela diversificação na escolha de programas pelos membros da família. Sendo assim, o aparelho acaba tornando-se algo de uso pessoal, disposto num espaço privativo, isto é, o quarto.

Nesse contexto, podemos dizer que ocorre uma redistribuição das pessoas naqueles momentos reservados ao ato de ver TV. Ou seja, há momentos em que tal atividade é realizada coletivamente na sala, e outros, individualmente, no quarto. Portanto, a programação da TV estaria, em princípio, contribuindo para a divisão dos membros da comunidade familiar.

Constata-se, assim, a existência de programas mais agregadores (novela, futebol, variedades) que favoreceriam a reunião da família no mesmo espaço, enquanto outros teriam caráter mais privativo, em função da segmentação por faixa etária, sexo etc.

Quanto às horas dedicadas a essa atividade pelos alunos pesquisados, constatou-se que as crianças assistiam em média a quatro horas diárias de programação televisiva.

Quadro 4. Quantas horas assiste a TV? (%)

	3ª série	5ª série	8ª série
Até 2	36,08	29,66	26,61
2 a 4	19,34	27,82	37,82
Mais de 4	41,75	38,16	31,09
Não vê	2,36	2,99	3,36

Estes dados constituem um paradoxo na medida em que a presença da TV, no contexto escolar, ocorre de maneira subjacente ao planejamento didático-pedagógico. Ora, se a absorção da linguagem televisiva ocupa um período considerável de tempo, por que a escola não reconhece institucionalmente tal fato e o aproveita em tarefas que permitam ao aluno desenvolver a criticidade? Afinal, aprender a ler outras linguagens (música, fotografia, propaganda, cartaz etc.) implica numa conscientização da existência e importância de diferentes códigos em suas modalidades específicas.

A comunicação visual, em seu desenvolvimento e uso intensivo nos diversos segmentos da sociedade, indica a ocorrência de uma mudança no modo como o leitor opera as suas leituras, sobretudo diante da dialogicidade entre as linguagens visual e verbal.

A escola deverá, necessariamente, mudar sua relação com a mídia. Caberá ao trabalho pedagógico fazer com que os discursos de massa, e em particular a TV, deixem de circular subterraneamente para participarem do processo de formação do leitor crítico.

Existem, inclusive, publicações significativas para fundamentar um trabalho didático-pedagógico nessa linha temática, conforme indicado na bibliografia final.

Programação televisiva

O quadro seguinte apresenta, em ordem decrescente, os gêneros de programas mais indicados pelos alunos como de sua preferência:

Quadro 5. Quais os programas de sua preferência?

3ª série	5ª série	8ª série
Infantil	Variedade	Filme
Novela	Infantil	Novela
Variedade	Filme	Variedade
Filme	Novela	Noticiário
Seriado	Musical	Musical
Noticiário	Noticiário	Infantil
Esportivo	Esportivo	Entrevista
Musical	Seriado	Esportivo
Entrevista	Entrevista	Seriado
Educativo	Educativo	Humorístico
Humorístico	Humorístico	Educativo
Religioso	Religioso	Religioso

Os programas infantis atingem o seu público, pois os alunos da 3ª série (crianças de 9 a 10 anos) os elegem como preferidos. Presume-se, então, que durante um período de mais de quatro horas, pelo menos 41,75% (Quadro 4) dos alunos entrevistados estão assistindo a desenhos animados, apresentados em programas como *Vovó Mafalda, Angélica, Mara Maravilha, Clube da Criança, Bom Dia & Cia, TV Colosso, Glub Glub, Xuxa* etc.

Alguns desses programas, além de inserirem em seu roteiro uma gama de desenhos animados, também organizam jogos e brincadeiras com o público presente e convidam um artista, geralmente um cantor, para participar de um dos seus blocos, cuja finalidade é promover o trabalho desse artista, mesmo que a sua produção não esteja próxima do universo infantil. Atua no corpo do programa um *marketing* que utiliza a imagem do apresentador para vender produtos como disco, roupas, brinquedos, HQ etc.

Também a *cartoonmania* contribui consideravelmente para o consumo de produtos como camisetas, bonecos, vídeos, figurinhas etc. produzidos a partir das imagens criadas nos desenhos animados. O mercado consumidor absorve, de um lado, o público infantil que é conquistado por meio de produções mais recentes[14] como *Tiny Toons, a Nova Turma do Zé Colmeia, Os Simpsons* etc., e de outro, os marmanjões que são fisgados com as reapresentações de "clássicos" como *Johnny Quest, Speed Racer, Os Flintstones* etc.

A participação dos programas infantis na formação do pré-adolescente ou adolescente não é reconhecida pela escola, visto que pouco ou nada se discute na sala de aula sobre eles. No entanto, uma leitura dialogada poderia indicar o modo como o aluno se posiciona diante da produção televisiva, isto é, como ele opera as mensagens do ponto de vista da construção do imaginário e da sua relação com o mundo que o cerca pois, como salientam Ana L. M. Rezende e Nauro B. Rezende (1989), evidencia-se uma "transposição das situações", sobretudo as de violência que são apresentadas em filmes ou desenhos animados, em suas atividades lúdicas, em que os equipamentos bélicos ganham destaque. Deste modo,

> "(...) uma espada de plástico, que na realidade seria incapaz de provocar danos materiais, em função do modelo é transformada num símbolo de poder e de força. Um simples revólver de plástico que, concretamente, apenas produz ruído e emite luz, graças ao modelo representa, na afirmação verbal da criança, um desintegrador atômico, com insuperável poder de destruição" (1989, p. 36).

A atitude acrítica e passiva da criança diante da TV pode ser revertida através de uma prática pedagógica que vise ao incentivo, à discussão, à reflexão e à reinterpretação do evento televisivo (Rezende, A. L. M. e Rezende, N. B., 1989). Porém, a rápida

14. Este quadro ainda permanece, embora tenhamos outras produções que se tornaram muito populares entre as crianças, como Ben 10, Os Padrinhos Mágicos, Puca etc.

aparição de programas infantis na sala de aula e o modo como são abordados mostra que, apesar de o discurso sobre eles ser permitido (episódio 10 e 11), inexiste um planejamento sistemático.

Na 5ª série, os programas infantis dão lugar aos de variedades, provavelmente porque o pré-adolescente começa a expandir o seu universo, conquanto mantenha alguns traços da infância. Ou seja, ocorre um alargamento no seu foco de interesse, permitindo uma diversificação de assuntos que antes não lhe chamavam a atenção. Os programas de variedades e os de filmes passam, então, a compor o universo juvenil.

Destaque-se que, para esse público, alguns dos programas de variedades são também estruturados a partir de jogos e brincadeiras, mas diferenciados daqueles infantis. No caso desses programas o público que comparece tem em média de 14 a 18 anos e, em geral, tratam de assuntos de interesse dos jovens. Talvez por isso tenham sido indicados também pelos alunos da 8ª série. Um bom exemplo era o programa *Radical chic* (TV Globo) — originalmente uma história em quadrinhos — apresentado todos os dias no período da tarde, que promovia uma competição envolvendo alunos de duas escolas, geralmente de segundo grau. O roteiro era montado a partir de pequenos episódios encenados pela protagonista "Radical", de perguntas de conhecimentos gerais e de brincadeiras entre os jovens.

A preferência pelo filme exibido na TV decorre, provavelmente, do fato de ser uma atividade de lazer mais barata do que ir ao cinema. Perde-se, no entanto, a qualidade das imagens na passagem da tela grande para a tela menor e, além disso "o telespectador não escolhe uma peça ou filme para ver: vê o que já foi programado" (Campedelli, 1987, p. 17) de acordo com os critérios da emissora, invertendo um aspecto importante: "em vez de o espectador ir ao espetáculo, o espetáculo vem ao espectador" (idem). A TV Globo, por exemplo, mantém há longo tempo um horário destinado ao público infanto-juvenil para exibição de filmes (*Sessão da Tarde*).

Se de um lado verificamos que os alunos têm esse horário disponível para assistirem aos filmes, de outro, constatamos uma presença muito tímida e subterrânea dos discursos sobre eles na escola: apenas o episódio 14.

As novelas, indicadas por alunos de 3ª e de 8ª série, revelam a elasticidade da faixa etária atingida pelo "folhetim eletrônico", na qual podemos incluir também a 5ª série (episódios 7 e 8). Tanto é verdade que observamos algumas vezes mudanças comportamentais nos jovens, seja no modo de falar (gírias e expressões), seja no tipo de vestuário, seja nas relações pessoais, provocadas por personagens de novelas.

Esse gênero, originalmente dirigido ao público feminino, tornou-se tão popular que acabou sacralizando alguns horários ("nobres"). Assim, para manter o telespectador preso à telinha, a narrativa da novela é estruturada com uma intriga central e várias periféricas que são entrelaçadas e se desenvolvem sucessivamente. O triângulo amoroso, o desejo de sucesso, a vingança, a volta do filho pródigo, a metamorfose de alguma personagem, entre outros, são temas recorrentes, respeitando sempre o princípio de que o Bem vence o Mal. Os capítulos são interrompidos em pontos-chave para manter a tensão e o suspense da trama.

É pelo grande índice de audiência das novelas que, nos horários nobres, a veiculação de mensagens publicitárias têm um alto custo, e também impulsionam uma parcela da indústria fonográfica — que lançam no mercado a trilha sonora da novela — e outros veículos de massa como jornais e revistas, especializadas ou não, nas quais são publicadas sinopses e reportagens explorando a imagem dos atores.

Dos três episódios registrados, em apenas um (episódio 8) constata-se o uso pedagógico da telenovela, ainda que um estudo específico não tenha sido realizado.

Os noticiários passam a despertar maior interesse nos alunos da 5ª para a 8ª série, talvez pela sua necessidade de participarem da vida adulta. A interferência do telejornal na leitura que o aluno faz do mundo foi registrada num número razoável de episódios (1 ao 6), mais elevado do que em relação aos demais programas. Tais ocorrências partiram da iniciativa dos professores e, de modo geral, não houve um uso condizente com a importância desse programa, como fonte de informação e comunicação.

Não foram registrados episódios sobre programas musicais, apesar de ocuparem um lugar na faixa mediana de preferências dos alunos. Não houve nenhuma referência àqueles programas de videoclips (*Miptonita*, da TV Record ou *Clip Trip*, da TV Gazeta). O mesmo aconteceu com o gênero entrevista. Quanto aos programas esportivos, a ocorrência de apenas um episódio provavelmente também não espelhe o real interesse dos alunos por atividades desportivas.

Os programas que obtiveram um número reduzido de indicações ou nenhuma foram os religiosos, os humorísticos e os educativos, revelando que os alunos estão distanciados desses gêneros. No caso dos religiosos, a razão para tal fato talvez esteja relacionada ao tipo de "pregação" veiculada, nem sempre condizente com o comportamento dos jovens, ou por apresentarem dogmas distintos daqueles presentes em seu ambiente familiar. Daí o esforço de programas religiosos em redefinir o seu formato, introduzindo, inclusive, videoclips (TV Manchete), ou apresentando o discurso religioso através de produções em desenho animado (TV Record).

Já o gênero humorístico apresenta uma visão caricatural dos acontecimentos, requisitando um certo grau de envolvimento com questões atinentes às áreas política e econômica, em geral mais dirigidos a um público adulto (*Programa Legal*). Há, no entanto, pelo menos dois que se aproximam do público infantojuvenil: *A Escolinha do Professor Raimundo*, por elaborar uma caricatura da escola e pelo horário em que é exibido (no episódio 16 pode-se constatar a presença deste programa), e *Os Trapalhões* cujo princípio de construção do humor são as chamadas cenas do tipo pastelão.

O gênero educativo parece não atingir o seu objetivo. O público infantojuvenil pouco ou nada vê desses programas. Há alguns, inclusive, muito bem elaborados e com uma produção de imagens de alta qualidade, mas são exibidos em horários de pouca audiência, como, por exemplo, *Globo ecologia* (TV Globo) e *Planeta Terra* (TV Cultura). O seu baixo índice de audiência revela que também para o aluno prevalece a ideia de que o que é pedagógico não pode ser lúdico e vice-versa (episódio 7).

Podemos observar que os professores usam o programa educativo com maior naturalidade do que qualquer outro gênero de programa, estabelecendo relações diretas com o conteúdo a ser desenvolvido. A preocupação com uma abordagem pedagógica os levou a um resultado satisfatório (episódio 12 e 13).

Os tipos de programas eleitos como os mais vistos nos finais de semana (sábado e domingo) acrescentam poucos elementos para a análise. São eles:

Quadro 6. Quais os programas preferidos no fim de semana?

3ª série	5ª série	8ª série
Variedade	Variedade	Variedade
Infantil	Filme	Filme
Seriado	Musical	Esportivo
Filme	Esportivo	Musical
Musical	Infantil	Seriado
Esportivo	Seriado	Noticiário
Novela	Novela	Infantil
Educativo	Noticiário	Novela
Noticiário	Educativo	Educativo
Humorístico	Humorístico	Entrevista
Entrevista	Entrevista	Humorístico
Religioso	Religioso	Religioso

É preciso ressaltar, para a análise deste quadro, que as indicações e o consequente reposicionamento de alguns gêneros, do Quadro 5 para o 6, estão condicionados à programação oferecida nesses dias pelas emissoras, sobretudo a TV Globo e o SBT, que oferecem poucas possibilidades de escolha, exibindo programas de variedades de longa duração, como *Faustão, Fantástico, Sílvio Santos* e *Gugu*, daí o gênero ocupar o primeiro lugar nas três séries. Podemos constatar que apesar disso, boa parte dos alunos assistem à TV também nos finais de semana, e a prova está na referência indireta ao programa *Sílvio Santos* registrada nos episódios 3 e 20.

Há dois episódios, o 18 e o 20, que podem estar relacionados à frequência com que os alunos assistem a programas de variedades, exibidos nos finais de semana. A Telesena é um jogo promovido pelo Grupo Sílvio Santos e o produto Gelol é o patrocinador do programa *Faustão*.

A televisão, como indústria do entretenimento, deveria estar concorrendo com outras formas de lazer, como o teatro, o cinema, o circo; no entanto, parece que o leque de opções é reduzido pela falta de acesso, seja por uma questão física (locomoção), seja pelo custo. Nesse sentido, a TV e, por extensão, o videogame,[15] acabam constituindo a grande fonte de lazer para a maior parte da população.

O impacto da publicidade na vida do aluno

Além dos programas de TV, o telespectador absorve também um número considerável de propagandas comerciais. Por isso foi perguntado ao aluno quais os três comerciais de sua preferência.

Quadro 7. Quais os comerciais de sua preferência?

3ª série	5ª série	8ª série
Cremutcho	Bom Bril	Coca-cola
Bom Bril	Cremutcho	Cremutcho
Yakult	Sprite/Cofap	Cofap

Para a análise deste quadro é preciso considerar o período em que a pesquisa (aplicação do questionário) foi realizada: novembro de 1992 com alunos de 8ª série, e março de 1993 com alunos de 4ª e 6ª série, correspondentes às 3ª e 5ª séries do ano anterior. Nessa ocasião, o comercial do produto Cremutcho era veiculado em quase todas as emissoras em diversos horários. O que justificaria, então, a sua presença nas indicações das três séries.

Tracemos um paralelo entre os comerciais indicados: Cremutcho, Yakult e Cofap utilizam crianças e animais; Bom Bril e

15. Ver o ensaio "Jogos interativos e cotidiano escolar", de José Luiz Miranda, Capítulo 7, último capítulo deste volume.

Cofap lançam mão do humor para atrair a atenção do telespectador; Sprite e Coca-Cola aproximam-se sobretudo pela concepção das imagens cromáticas e pela sonoridade melódica do *jingle*.

É necessário lembrar, também, que o uso das crianças e/ou animais têm impacto próprio nas campanhas publicitárias, e, nesse sentido, há simbologias da inocência, da "fofura", da fidelidade. Além disso, considera-se a criança ou o adolescente como um consumidor em potencial.

As propagandas apresentam em seus roteiros situações em que o protagonista compartilha somente as vitórias, aspecto muito semelhante aos jogos de videogame, como mostra José Luiz Miranda, em "Jogos interativos e cotidiano escolar".[16]

Propomo-nos, neste momento, a estabelecer mecanismos que permitam uma melhor compreensão das mensagens veiculadas nas peças publicitárias, especificamente na campanha do produto Cremutcho.

O processo para o lançamento de um novo produto no mercado comporta uma das funções do *marketing*, que é a de detectar as oportunidades do mercado, ou seja, captar e preencher as demandas inadequadamente satisfeitas pelas ofertas. São os chamados "nichos mercadológicos".

Deste modo, o produto Cremutcho vem preencher um espaço de relativa concorrência. Trata-se de um creme à base de queijo (tipo requeijão) para passar no pão, que no mercado de produtos alimentícios, disputa com aqueles fabricados para serem consumidos no lanche e no café da manhã.

A campanha publicitária desse produto fundamenta-se na imagem de crianças cantando a versão de um bolero. O impacto da mensagem alicerça-se no estranhamento causado pela apropriação do bolero pelas crianças, já que esse ritmo não faz parte do seu universo musical no Brasil.

O jingle foi elaborado com base no clássico da música latino-americana *Bésame mucho*, de Consuelo Velazquez, estabelecendo-se um jogo verbal, com o mesmo ritmo do bolero da canção original.

---

16. Capítulo VII deste volume.

Letra original
Bésame!
Bésame mucho,
como si fuera esta noche
la última vez

Bésame!
Bésame mucho,
que tengo miedo perderte
perderte después

Bésame!
Bésame mucho
como si fuera esta noche
la última vez
Bésame!
Bésame mucho,
que tengo miedo perderte
perderte otra vez...

Quiero tenerte muy cerca
mirarme en tus ojos
verte junto a mí.
Piensa que talvez mañana
yo ya estaré lejos
muy lejos de tí

Bésame!
Bésame mucho
como si fuera esta noche
la última vez
Bésame!
Bésame mucho,
que tengo miedo perderte
perderte después

Letra do jingle
Compra mãe
Compra Cremutcho
Gostoso no lanche e café
da manhã

Compra mãe
Compra Cremutcho
Tem um jeitinho
Sabor nham, nham, nham

É bom
Mutcho bom

A melodia do *jingle* é a mesma do refrão da música original. Isso se deve, provavelmente, ao fato de o refrão ser a parte recorrente da música e mais facilmente memorizada. Funciona, inclusive, como um *slogan*.

O apelo afetivo constituiu um aspecto básico na concepção dessa peça publicitária, que pretende estimular a mudança nos hábitos, substituindo os outros produtos afins, ou criar novos consumidores.

Não podemos afirmar, no entanto, que o produto esteja sendo consumido efetivamente pelos alunos pesquisados. Ocorre, sem dúvida, a apreensão da peça publicitária, o que não deixa de ser uma forma de "consumo".

A análise dos mecanismos que envolvem a montagem de campanhas publicitárias como esta (encenação das crianças, *jingle*, difusão na TV em horários nobres etc.), poderia proporcionar uma leitura crítica, diferenciada daquela com a qual o aluno está acostumado a operar, elucidando os motivos da grande aceitação das mensagens veiculadas pelos anúncios.

Nota-se, porém, pelos episódios registrados, que a escola não realiza um trabalho didático-pedagógico com esse tipo de linguagem, tão presente no universo do aluno, embora exista na rede pública estadual de ensino um material disponível, publicado pela CENP (Coordenadoria de Estudos e Normas Pedagógicas). Trata-se de *Prática pedagógica — Língua portuguesa* (ciclo básico), um trabalho voltado para o uso do jornal em sala de aula, enfocando os anúncios e as notícias veiculadas por ele. Há, inclusive, propostas de atividades com alunos que sugerem a construção de anúncios.

Poderíamos, ainda, ampliar o trabalho pedagógico com a propaganda introduzindo a mensagem publicitária veiculada pela televisão, o que exigiria uma percepção das imagens em movimento, da música, das cores etc., enfim, uma leitura simultânea de diferentes linguagens.

Conclusão

O conjunto de episódios (21) registrados em sala de aula sobre a TV é relativamente pequeno diante do contato que o educando estabelece com esse veículo de massa no seu dia a dia. No cotidiano escolar, os discursos sobre a TV circulam subterraneamente. Constata-se, portanto, o distanciamento da instituição escolar e as linguagens dos veículos de massa.

Nos episódios registrados, verificamos que a televisão não foi abordada nas suas especificidades. De modo geral, os discursos sobre a programação televisiva tinham por finalidade estabelecer a interação (aluno/aluno, professor/aluno) dentro da sala de aula, ou ilustrar e exemplificar, de forma assistemática, a matéria.

No entanto, exemplo como o do episódio 8, ocorrido numa escola envolvida no Projeto de Reorientação Curricular — Interdisciplinaridade, deve ser destacado por sua raridade, na medida em que o programa de televisão foi inserido no contexto pedagógico. Sem dúvida, registra um trabalho que reconhece a importância e a participação desse veículo na vida do aluno. Outros programas, além da novela, poderiam enriquecer a prática na sala de aula a partir de estudos como: caracterização de personagens de desenhos animados, comparação entre personagens de filmes de seriado, levantamento da estrutura da narrativa de vários programas etc.

O episódio 4 também é um bom exemplo, mesmo que se trate de um filme para o cinema. É preciso salientar que a televisão torna-se um recurso acessível e barato para aqueles que não podem se deslocar até uma sala de exibição. Assim, o videocassete ou o aparelho DVD possibilita o contato com o cinema, ainda que este perca um pouco de sua qualidade, já que há uma redução significativa da imagem na passagem da tela grande para a tela doméstica.

Nos episódios 18, 19 e 20, referentes a propaganda, o *slogan* surge como uma brincadeira verbal para o aluno, provavelmente muito mais pela sua sonoridade do que pelo seu significado. Sendo assim, um trabalho pedagógico poderia mostrar para o aluno que o *slogan* contém uma mensagem que vai além de sua musicalidade, pois é a partir das relações do texto com as imagens que se constrói o seu sentido.

A partir da leitura de propagandas seria possível verificar como o aluno opera com as linguagens verbal e visual, e até que ponto a mensagem publicitária é capaz de influenciar o seu comportamento diante do mundo. No episódio 21, por exemplo, o aluno critica não só o consumo do produto, mas também a política de distribuição de verbas.

Um trabalho sistematizado poderia ser realizado através do reconhecimento das diferenças entre as peças publicitárias de diversos produtos: roteiro relacionado ao produto, escolha dos protagonistas, *jingle*, *slogan* etc. Propor a elaboração de uma campanha publicitária também poderia trazer resultados interessantes na medida em que o aluno teria que trabalhar com o texto persuasivo, característico da publicidade. É claro que o planejamento deve respeitar o grau de escolaridade do aluno.

Note-se, contudo, que o caráter fragmentário e tópico revelam a dispersão quanto à incorporação da televisão como objeto de estudo. O uso da TV exige um conhecimento das especificidades que a fundamentam, quando aplicadas ao trabalho didático-pedagógico. Negligenciar as suas características acarretará, sem dúvida, o emprobrecimento da sua linguagem. Daí, o grande desafio para a realização de um trabalho capaz de inserir, na sala de aula, aqueles materiais não produzidos com fins especificamente escolares. E isto exigirá, por exemplo, a própria capacitação do educador em serviço.

Tanto os programas como as peças publicitárias fornecem um vasto material para estudo, no que diz respeito ao seu processo de criação e produção. Mas é bom lembrar que apenas o conhecimento desses processos não garante a criticidade. Torna-se fundamental um trabalho sistemático que viabilize a verbalização da leitura que o aluno realiza, para que ele possa posicionar-se criticamente diante das mensagens de massa.

Bibliografia

ADORNO, Theodor W. A indústria cultural. In: COHN, G. *Comunicação e indústria cultural*. 2. ed. São Paulo: Nacional, 1975.

ALEA, Tomás Gutiérrez. *Dialética do espectador*. São Paulo: Summus, 1984.

BAUDRILLARD, Jean. *O sistema dos objetos*. São Paulo: Perspectiva, 1973.

CAMPEDELLI, Samira Youssef. *A telenovela*. 2. ed. São Paulo: Ática, 1987.

CANEVACCI, Massimo. A cultura dos meios de comunicação de massa e a metacomunicação. *Revista Comunicação e Artes*. São Paulo: ECA/USP, n. 6, 1991.

COLLAZO, Alberto. La conciencia de si como hilo condutor en el problema de la contemporaneidad del arte. In: Modernidade. *Anais*... IV CONGRESSO BRASILEIRO DE HISTÓRIA DA ARTE. Porto Alegre: Inst. Artes, UFRGS, 1991.

DUTHOIS, Sylvain. Analyse d'une Campagne Danone. *Rev. Communication et Langages*. Paris: Retz, n. 98, 1993.

GARCIA, Nelson Jahr. *O que é propaganda ideológica?* São Paulo: Abril/Brasiliense, 1985.

LOPES, Maria Immacolata et al. *Vivendo com a Telenovela*. São Paulo: Summus, 2002.

MACHADO, Arlindo. *A televisão levada a sério*. 2. ed. São Paulo: Senac, 2001.

MACHADO, Arlindo et al. Imagem e imaginário da nova comunicação. *Revista Atrator Estranho*, ECA/USP, n. 3, 1993.

MARANHÃO, Jorge. *A arte da publicidade*. São Paulo: Papirus, 1988.

MARTIN-BARBERO, Jesus. Em busca do sujeito da recepção. *Revista de Comunicação e Artes*. São Paulo: ECA/USP, n. 6, 1991.

MOLES, Abraham. *O cartaz*. São Paulo: Perspectiva, 1987.

PACHECO, Elza Dias. *O pica-pau*: herói ou vilão? São Paulo: Loyola, 1985.

REBOUL, Olivier. *O slogan*. São Paulo: Cultrix, 1975.

RESENDE, Juliana. Cultura ensina crianças a não ver televisão. *O Estado de S. Paulo*, Caderno 2, 11/2/1994.

REZENDE, Ana Lúcia; REZENDE, Nauro Borges. *A tevê e a criança que te vê*. São Paulo: Cortez, 1989.

RICHERS, Raimar. *O que é marketing?* São Paulo: Abril/Perspectiva, 1985.

SOARES, Ismar de Olveira et al. Educom.TV. ECA/USP, Secretaria Estadual de Ensino de São Paulo, 2002. Disponível em: <http://www.usp.br/nce>.

VANOYE, Francis. *Usos da linguagem*: problemas e técnicas na produção oral e escrita. 3. ed. São Paulo: Martins Fontes, 1982.

TEBEROSKY, Ana; CARDOSO, Beatriz. *Reflexões sobre o ensino da leitura e da escrita*. São Paulo: Trajetória Cultural/Editora da Universidade Estadual de Campinas, 1989.

II

Telejornal: o cotidiano em sala de aula

*Patricia Christina Montezano**

Apresentação

> Estavam todos os alunos da terceira série[1] assistindo a uma aula de Religião. O pesquisador percebe um cochichar. Nada especial, apenas uma conversa paralela. Mas o conteúdo dessa conversa chamou-lhe a atenção. Não falavam sobre a aula, tarefas, brincadeiras ou qualquer coisa comum. Falavam sobre sequestro. Não em âmbito social, político ou religioso; discutindo causas ou consequências que envolveram o sequestrado ou sequestrador, apenas o fato, que era importante. Tinha passado em quase todos os noticiários da TV na noite anterior. A vítima era a irmã do empresário e apresentador Silvio Santos. (Diário de Campo 10, p. 30)

Um exemplo simples, mas que ilustra com clareza a existência dentro da escola do que estamos chamando discurso subterrâneo pronto para emergir. O professor não havia feito nenhum tipo de referência ao tema ou a qualquer coisa que pudesse remeter a memória do aluno ao telejornal. Mas ele estava lá, bastou uma pequena brecha e aquelas imagens, aquela história contada em pouquíssimos segundos veio à

---

* Graduada em Jornalismo, Pedagogia, Licenciatura em Letras. Especialista em Gestão de Processos de Comunicação e Cultura (ECA/USP).

1. Hoje é equivalente ao 4º ano do Ensino Fundamental.

tona. O outro aluno que participava da conversa foi extremamente receptivo, conhecia o caso, sabia de toda a história e com detalhes.

Ao analisar, ou se deparar com uma cena dessas, o educador instintivamente poderá rejeitá-la; afinal ele passa horas preparando sua aula, explicando tudo da melhor maneira possível, e repetidas vezes. *Mas, e quando o conteúdo irrompe deforma imediata, como no caso, derivado de informação massiva captada na rapidez da própria luz dos veículos de massa?*

Para que se possa melhor responder a esta questão é necessário, em primeiro lugar, conhecer e identificar o processo básico de produção de um telejornal.

Como é um telejornal

É característica de um telejornal de âmbito nacional ter de 30 a 45 minutos de duração. As emissoras que possuem telejornais regionais costumam dispor, a eles, um tempo significativamente menor, uma vez que as notícias mais importantes da região, se interessarem a todo o país, serão repetidas na versão nacional com um número maior de informações e imagens.

A tendência dos telejornais é escolher as notícias que vão ao ar e, de acordo com o grau de importância, elas são "escaladas" para que ocupem o tempo disponível. Se este não for suficiente, as "menos importantes" são cortadas, ficam para o próximo noticiário ou vão parar em arquivos.

Notícias são excluídas nesta hierarquização de importância e sua não presença nos noticiários faz do acontecimento um fato inexistente.

Por exemplo: durante a Copa do Mundo de 1994, 45% do tempo bruto dos noticiários era utilizado para que ninguém perdesse absolutamente nenhuma novidade sobre a "seleção canarinho". Para isso milhões de dólares foram gastos por quase todas as emissoras de televisão que, além de comprarem o direito de transmissão dos jogos, invadiram os Estados Unidos com muitos jornalistas, convidados, comentaristas e até "espiões"; todos com suas missões diárias muito bem definidas. Nada escapava das câmeras.

Com isso, os telejornais se abarrotavam de imagens, novidades e fofocas vindas diretamente dos Estados Unidos. Apenas 55% do tempo foi dividido entre todas as outras notícias, como o plano econômico — a mudança de moeda do cruzeiro real para o real — a violência das grandes cidades; a falta de água em vários Estados — tendo o Brasil vivido o maior período de estiagem dos últimos anos. Afinal, o sonho do tetracampeonato que mobilizava o país fora considerado mais importante.

Para entender melhor essa relação entre tempo e importância, basta estar atento para o tempo dispensado para cada notícia. Aquela que "demorar" mais no ar terá sido eleita, pela emissora, como a notícia mais importante do dia. Geralmente essa notícia é objeto de "chamadas", de "manchetes" ao longo de toda a programação e mesmo ao longo do telejornal, entre um e outro bloco de notícias, chamando a atenção e estimulando a curiosidade do telespectador.

Voltando ao exemplo da Copa do Mundo: a Rede Globo até modificou o formato do Jornal Nacional com novo cenário, três apresentadores em vez de dois, e ainda um âncora (uma espécie de apresentador-comentarista e responsável pelo TJ) direto dos Estados Unidos: Carlos Nascimento.

Como foi dito, nem tudo o que era captado pelos jornalistas e cinegrafistas chegava ao conhecimento do grande público. Aí entrava o trabalho de uma outra equipe de profissionais que, de acordo com os interesses da emissora, "escolhia" o que era e ou não necessário, ou viável, para a veiculação.

O processo de escolha do que veicular em situações cotidianas é decidido anteriormente por uma equipe que faz as pautas, as quais são diretrizes para a produção de uma matéria jornalística. Por exemplo:

- Assunto: o uso obrigatório do cinto de segurança na cidade de São Paulo.
- Estratégia: entrevistar motoristas, funcionários do CET e o prefeito.

Desta forma o repórter sai a campo para que, dentro dos princípios da ética do jornalismo clássico, que presume ouvir todos os lados antes de veicular uma notícia, garanta a objetividade e a neutralidade do fato.

O cumprimento da pauta está intimamente ligado ao bom senso e ao estilo jornalístico do repórter que, caso não encontre um dos entrevistados citados, por exemplo, substitua-o sem prejudicar a qualidade nem a veracidade da informação.

Todo esse procedimento é seguido por um outro: o de como veicular. É aí que entra a edição eletrônica, por meio da qual a notícia é "fabricada" e "pasteurizada", isto é, signos de toda a espécie são seccionados, modelados, adaptados e conectados entre si. Assim, da matéria bruta, que dura horas, serão extraídos os minutos ou segundos mais significativos. Em média, a duração considerada adequada para uma notícia, varia de 1 a 2 minutos, de acordo com a importância do tema e a disponibilidade da programação. *Como um resumo, moldado de acordo com a característica do telejornal: seja ela a superficialidade, o sensacionalismo, a espetacularização do fato, a seriedade ou a polêmica.*

Nesse resumo, em virtude da falta de tempo, muita coisa se perde. Às vezes as notícias aparecem jogadas e descontextualizadas, não remetendo a momento nenhum do passado ou de um futuro próximo. Apenas contam o que acabou de acontecer. Como se não existissem relações de causa ou consequência.

Um exemplo característico de fabricação da informação ocorreu durante a etapa de observação do cotidiano escolar em que se baseia este trabalho de pesquisa:

> O dia naquela escola começou bastante tumultuado. Havia uma paralisação de motoristas e cobradores de ônibus que reivindicavam melhores salários. A professora titular não pôde chegar ao trabalho. Uma professora eventual assumiu a classe e conduziu uma conversa informal apropriando-se do tema "greve". Os alunos participaram ativamente, até que um deles sugeriu que o movimento poderia ter iniciado porque alguns garotos atiraram bolinhas de gude contra um ônibus, o que realmente ocorrera nas proximidades da escola. (Diário de campo 10, p. 38)

Curiosamente, esse fato secundário havia sido interpretado pelos principais telejornais como um suposto piquete.

O mecanismo de edição deveria, teoricamente, ser utilizado para viabilizar o fator tempo, que é muito importante e valioso no noticiário, tornando a matéria esclarecedora e concisa.

Mas, como fica claro neste exemplo, o telejornal pode acabar se apropriando do fato e fabricando uma notícia — no caso, a imagem do ônibus no qual foram jogadas algumas bolinhas de gude e que, portanto, estava parcialmente "depredado" — segundo certos procedimentos e interesses específicos da edição.

Para perceber o poder da edição, suponha-se que, logo depois da notícia desse presumido piquete, fosse colocada uma notícia sobre algum partido de esquerda. Isso certamente criaria uma relação de causa-efeito, como se a "intransigência" que levou os trabalhadores a se manifestarem através da violência tivesse sido estimulada por um determinado grupo político.

Outro exemplo muito comum de manipulação da informação através da edição pode ser percebido em época de eleições, quando um quebra-cabeça de imagens e palavras, que no contexto original possuem sentido e procedência, é montado de maneira ambígua para enaltecer ou prejudicar determinados candidatos ou partidos. Com material produzido nos debates políticos, por exemplo, cada partido apresenta seu candidato como "vencedor" mostrando, ao mesmo tempo, as falhas dos outros e apenas os sucessos de seus candidatos. Essa prática, para garantir um resultado positivo, apoia-se numa capacidade de mascarar procedimentos técnicos geradores de sentido produzidos em "circunstâncias de estúdio", e mesmo numa certa ingenuidade do eleitor.

É importante perceber o efeito que uma sequência de más notícias, como os altos preços dos alimentos, as crianças abandonadas nas ruas e o desemprego podem ter: as pessoas se comovem, ficam indignadas e passam a procurar os verdadeiros "culpados" pela situação. Mas o telejornal não perde tempo. Mostra uma luz no fim do túnel. O apresentador abre um sorriso e anuncia que um grande empresário doou caminhões de mantimentos a entidades de assistência a idosos.

Além de causar uma sensação de alívio, como se "nem tudo estivesse perdido", cria-se um clima de compensação social, fazendo com que muitas vezes as pessoas acabem se esquecendo das crianças e dos desempregados. E, neste contexto, é cada vez menos significativo saber se este mesmo empresário "doador" foi ou não um dos responsáveis pelas demissões anunciadas anteriormente.

É raro o telespectador que, ao desligar seu televisor depois de assistir a um telejornal, faça-o com um sentimento de revolta ou indignação, pois o noticiário já foi "amarrado" com algum tipo de compensação cuidadosamente escolhida para deixá-lo em paz. As vezes uma matéria *light* sobre entretenimento, esportes, ou até mesmo um sorriso do apresentador, um comentário engraçado, um feliz boa-noite.[2] São os famosos *kickers*.[3]

Esta é a maneira que os telejornais encontraram para não deixar de dar a notícia (por mais inconveniente que ela seja) não comprometendo assim sua credibilidade, mas sem dar muito tempo ou condição ao público de refletir sobre os fatos.

Um exemplo muito claro do jogo de poderes que envolve a produção jornalística, em contraponto com as artimanhas necessárias à manutenção da credibilidade, foi assistido por todo o Brasil em 1989, quando o então candidato a presidência Fernando Collor de Mello era visto com muita frequência pelos telespectadores da Rede Globo. Qualquer passo dado por ele, por menor que fosse, era transmitido em cadeia nacional. É impossível negar que estas pequenas aparições no jornal Nacional contribuíram para a eleição do candidato. Mas a história mudou e tomou rumos que fugiram ao controle da própria Rede Globo. Em 1992 o povo exigiu o afastamento do presidente. Iniciou-se um processo do qual a emissora não poderia ficar de fora. Como não noticiar as manifestações e greves que inundavam o país? A TV Globo, em nome do público e da sua própria credibilidade, recuou e, da mesma forma que cooperou para a eleição de Collor, viu-se forçada a noticiar e depois participar do processo de *impeachment*.

2. Esta é uma observação genérica, baseada nos telejornais mais assistidos. É inegável que alguns telejornais tratam a notícia e o espectador com seriedade e sem nenhum tipo de subestimação, demonstrando-se conscientes do processo que protagonizam.

3. Adotadas no Brasil na década de 1970, quando já consagradas nos TJ americanos, *kickers* constituem notícias leves, líricas ou engraçadas inseridas no final da edição para amortecer os efeitos de notícias trágicas.

Voltando à produção de um telejornal: é inegável que eles passam por um processo de composição que assegura um produto de bom acabamento técnico com suas evidentes implicações no plano conteudístico. São histórias contadas por profissionais, notícias rápidas e versáteis, frases curtas e decididas, ditas em terceira pessoa e, mesmo que os fatos tenham ocorrido há algum tempo, são narrados como se estivessem acontecendo naquele instante; imagens que prendem a atenção por um tempo cuidadosamente estudado, cores, formas, emoções em doses controladas, tudo faz parte de um mecanismo (manuais de redação e produção) especialmente criado para atrair e agradar o telespectador e, sobretudo, difundir preceitos e produtos ideológicos[4] e mercadológicos junto ao público. Como se diariamente o telespectador alugasse um par de olhos. Este é o momento de enxergar com os olhos dos outros, de ver como aquele grupo de pessoas pensa e o que acha importante.

Indiscutivelmente isso é muito cômodo; transmite a sensação de estar em dia com suas "obrigações de cidadão" bem informado, consciente e participante dos processos sociais e culturais. Mas, e daí?

De que adianta saber apenas fragmentos da realidade sem refletir sobre a causa, a consequência e até mesmo o grau de veracidade do acontecimento? É importante que a comodidade oferecida pela situação de receptor passivo seja deixada de lado, para dar lugar ao uso da capacidade crítica individual do telespectador, no sentido de interpretar e "digerir" a realidade, tirando conclusões próprias.[5]

É preciso descobrir, então, como utilizar, dentro da sala de aula, a quantidade, a rapidez, a versatilidade e a cotidianidade de um tipo de informação que situa o movimento das imagens como um aspecto fundamental para compor o universo dos sentidos.

---

4. O conceito de preceitos e produtos ideológicos está intimamente relacionado com o conceito de ideologia enquanto modo de pensar, "fenômeno objetivo e subjetivo involuntário produzido pelas condições objetivas da existência social dos indivíduos" (Chaui, 1981).

5. Ver exemplo de leitura crítica no Capítulo III: "O jornal e a prática pedagógica", neste volume.

Talvez, neste contexto, seja possível ao educador desenvolver junto ao aluno o mecanismo de leitura crítica da informação, ensinando-lhe que por trás do fascínio, do encantamento e muitas vezes, da satisfação de suas expectativas, está o mito. O mito da credibilidade, da competência e da eficiência que é a televisão.

Num país onde os detentores dos meios de comunicação são escolhidos a dedo, depois de uma rigorosíssima seleção política feita pelo Estado, quem duvida deles? O veículo é mais que autoritário. É autoridade. E tem sempre por trás de si uma grande e séria instituição que gera e elabora, com paciência e muito "jogo de cintura", ao longo dos anos, uma credibilidade e eficiência (in) discutíveis.

> "A desmistificação de uma mídia que catalisa expectativas de participação político-cultural, mas que não as supre nem neutraliza, passa evidentemente pelo conhecimento e exercício de linguagem. Uma 'consciência semiótica' só é plenamente exercida quando se tem possibilidades coletivas como autores e não simplesmente consumidores e atores de uma história breve e precária" (Chibai, 1994).

O telejornal e o processo educativo

Ao analisar o processo de produção do telejornal e descobrir a quantidade de pessoas, dinheiro e tecnologia envolvidos, o professor começa a entender o êxito que os telejornais, com apenas alguns minutos diários, têm junto aos seus alunos. Ao perceber o quanto são manipulados pelas manhas e artimanhas da telinha, a tendência é negá-la. Assim, a escola vem fazendo ao longo dos anos, e tentando manter suas portas fechadas para esse tipo de discursos,[6] resistindo em vão, pois o telejornal é assistido por grande parte dos alunos.[7] E isto foi comprovado

---

6. A análise desse discurso já foi feita no Capítulo I: "Televisão, publicidade e escola".

7. Pesquisa IBOPE constatou que nos últimos cinco anos as redes brasileiras aumentaram em 35% a carga horária de noticiários (de 39 programas existentes passou para 50): "para os donos das emissoras, funcionam como moeda forte do

em pesquisa de campo em que o telejornal está entre o quarto e o sexto programa de televisão mais assistido, perdendo apenas, e de acordo com a série do aluno, para os programas infantis, os de variedades (musical), os de ficção (filmes e novelas) e os esportivos (noticiários específicos):

	3ª Série	5ª Série	8ª Série[8]
1	INFANTIL	VARIEDADE	FILME
2	NOVELA	INFANTIL	NOVELA
3	VARIEDADE	FILME	VARIEDADE
4	FILME	NOVELA	NOTICIÁRIO
5	SERIADO	MUSICAL	MUSICAL
6	NOTICIÁRIO	NOTICIÁRIO	INFANTIL
7	ESPORTIVO	ESPORTIVO	ENTREVISTA
8	MUSICAL	SERIADO	ESPORTIVO
9	ENTREVISTA	ENTREVISTA	SERIADO
10	EDUCATIVO	EDUCATIVO	HUMORÍSTICO
11	HUMORÍSTICO	HUMORÍSTICO	EDUCATIVO
12	RELIGIOSO	RELIGIOSO	RELIGIOSO

Fonte: Questionário aplicado junto aos alunos das escolas pesquisadas.

Considerando que os horários de transmissão dos telejornais são quase os mesmos nas emissoras mais assistidas, e também que ligar televisão é um hábito, a probabilidade de o aluno assisti-lo, mesmo que fragmentado, ainda é maior.

É ingenuidade, então, tratar a televisão e o telejornal apenas como um entrave. E não podemos também cair na condição-limite de eternos perseguidos, ou de que temos um inimigo que precisa ser detido.

O telejornal é uma realidade que só poderá ser vista em uma dimensão mais ampla, a partir do momento em que for considerado como objeto de reflexão.

---

mercado político (...) pois rendem credibilidade, prestígio e dinheiro". *Folha de S.Paulo*, 31 maio 1992.

8. Hoje equivalente ao 4º, 6º e 9º ano do Ensino Fundamental.

Reverter esse processo, usando o telejornal a favor de uma educação integral e crítica, não é uma tarefa fácil. Pelo contrário, é demasiadamente complexa, uma vez que envolve, entre muitas coisas, uma corrida contra o tempo. Enquanto as escolas possuem fundamentos que, para serem alterados, dependem de fatores burocrático-estruturais, portanto extremamente complexos e lentos, os meios de comunicação passam por repetidas alterações, tanto técnicas como de linguagem, tornando-se cada vez mais interessantes e eficientes na chamada educação informal.

Para os educadores não deve interessar se, naquele momento, ao dar aquela notícia, o telejornal está escondendo boas ou más intenções. O importante é saber se o aluno está preparado para reconhecer isso.

E mais: será que ele está preparado para criticar e tirar suas próprias conclusões? Ou ele apenas recebe a informação, sem nunca percebê-la ou julgá-la, aceitando e satisfazendo-se com as aparências? Cabe, em parte, à educação formal estimular essa percepção.

Durante décadas, vivemos sob a tensão da guerra fria. Os americanos disputavam com os russos a soberania nuclear e assim nos "defendiam". Tudo girava em torno de um botão vermelho que, se fosse apertado, o mundo viraria pó. Esse era o grande medo dos adolescentes e jovens.

Hoje não existem mais dois botões vermelhos (um "amigo" e um "inimigo"). Existem, sim, milhões deles espalhados por todo o mundo. Como focos de destruição que nos transformam em corresponsáveis por essa situação. São a fome, a miséria, o subdesenvolvimento, a destruição da natureza, o superaquecimento do planeta, a falta de chuva em alguns lugares, a inundação de outros, a poluição, o buraco na camada de ozônio, as guerras civis, a violência, a ainda concentração de armas nucleares.

Os telejornais tendem a mostrar diariamente estas situações. Diante de tais cenas, as reações são as mais diversas: uns encantados diante da espetacularização da notícia, outros espantados ou indignados, mas a grande maioria é condescendente. Acentua-se a cômoda situação de telespectador que assiste a tudo pela televisão, no conforto de seu lar, como algo ao mesmo tempo familiar e distante.

Daí o imperativo de uma nova educação humanista, posta por Georg Steiner (1988), a qual passa por uma reeducação dos sentidos, um aprendizado que resulta da convivência com os novos veículos e técnicas. Quando no centro deles está a informação e a difusão de uma ideologia dominante, lê-los proficientemente tornou-se imperativo de cidadania.

Assim, falar em alfabetização, hoje, deixou de ser algo restrito ao aprendizado formal da leitura e da escrita. É um processo contínuo que está intimamente relacionado com a percepção do mundo, do eu social, da realidade mutável, da relação histórico-social entre o passado, o presente e o futuro.

Como lembra Paulo Freire: "A leitura do mundo precede a leitura da palavra, daí que a posterior leitura desta não possa prescindir da continuidade da leitura daquela" (Freire, 1982, p. 11).

O próprio ato de ler amplia-se para uma imensa variedade de códigos e sistemas semióticos que incluem, sem dúvida, a imagem, particularmente a da TV.

O telejornal possibilita ver e ouvir o mundo (agências de notícias), o que nele acontece e o que muda, muitas vezes ao vivo, simultaneamente ao desenrolar dos fatos. Construímos assim, um conhecimento histórico-social não testemunhal de fato, mas como se assim o fosse.

São transmitidas diariamente dezenas de informações sobre política, economia, artes, música, história... Difícil mesmo é estabelecer o que realmente não tem ligação alguma com o conteúdo específico ou com o objetivo da formação escolar.

Mas para utilizar o telejornal dentro da sala de aula é importante, antes, que o próprio educador se prepare para trabalhar com os mecanismos de produção da informação, aguçando, assim, sua percepção crítica individual, e mudando seu próprio referencial, que passa de telespectador para analista e pesquisador.

Os telejornais possuem características e peculiaridades que podem ser utilizadas para exemplificar, oportunamente, determinadas situações como a que foi observada durante o período de pesquisa:

> Numa aula de Português o assunto era a produção de textos com a utilização de discursos direto e indireto. Diante da dificuldade de conceituação dos alunos, a professora apropriou-se do discurso do repórter Celso Russomano, do telejornal *Aqui, Agora* do SBT, para, além de ilustrar, estabelecer uma relação entre a teoria e a prática. A receptividade da classe foi imediata. Os alunos não só entenderam perfeitamente os mecanismos de construção dos discursos direto e indireto, como também pareceram capazes de, nesse contexto, produzir seus próprios textos. O que fazia parte da proposta original da professora. (Diário de campo 10, p. 30)

Por conhecerem o telejornal e o repórter em questão, a explicação que antes parecia de difícil compreensão ficou mais clara e fácil. Graças à utilização de uma fórmula simples e quase mágica: trazer o cotidiano, a realidade, o mundo, para dentro da sala de aula, integrando o aluno a tudo aquilo que acontece a sua volta, na sua época.

O telejornal também pode auxiliar o professor estimulando a crítica, pois, para superar as falhas do veículo descobertas pelos alunos, estes tornar-se-ão "repórteres", esclarecendo o que faltou numa determinada notícia. A descontextualização, neste caso, pode ser resolvida através do exercício da pesquisa, pois a descoberta da relação passado, presente e futuro, muitas vezes esquecida pelo livro didático e ignorada pelos veículos de massa, provocam lacunas no processo de construção do conhecimento.

O fato é que o telejornal nos aproxima da história cotidiana, pelo menos daquela (re)apresentada por essa mídia. Compreendê-lo criticamente e utilizá-lo de maneira consciente pode vir a ser um importante trabalho da escola.

Para tanto, o primeiro passo é analisar os telejornais mais assistidos pelos alunos.[9] Os menos assistidos não devem ser

---

9. Entre os telejornais mais assistidos, estão o jornal Nacional da Rede Globo, que surgiu em 1969 com a intenção de ser mais "profissional", eliminando o improviso,

desprezados. Começar pelo que é conhecido é apenas uma opção mais realista. Perguntar e procurar sempre os motivos que levaram à veiculação do fato de uma determinada maneira e não de outra, com determinadas cenas e não outras etc. Por quê? Esta pergunta é essencial, e as respostas certamente virão de maneira gradativa.

Todos os aspectos contrastantes entre os telejornais analisados deverão ser anotados com maior riqueza de detalhes possível, para que depois possam ser comparados entre os grupos.

- Cenário: como é, quais as suas cores — suaves ou fortes — como aparece o apresentador(a)(s)? Em alguns casos, ele é considerado parte do cenário e deve se manter sereno, sério, engraçado ou até mesmo irônico. O que mais chama a atenção, que forma apresenta — circular, linear —, como é a mesa do apresentador, o que está atrás dele etc.?
- Técnicas de produção:

  Vinheta: música e animação que aparece no início, antes e depois de cada comercial e no final. Como ela é? É simples ou usa recursos sofisticados? Usa as mesmas cores do cenário? Aparecem objetos? *Matérias ao vivo*: o telejornal apresentou matérias ao vivo? Quem orientou os repórteres? Onde foram feitas e por quê?

  Enquadramento: como é focalizado o repórter, o apresentador? Como são feitas as passagens de cena, isto é, como são "cortados" e finalizados os assuntos tratados, qual foi a "deixa"?[10]

---

impondo pontualidade, preocupando-se com cenários e utilizando técnicas americanas. O Aqui, Agora, do SBT, surgiu na década de 1980, inspirado no antigo Noticentro, também populista. Com linguagem bastante acessível e notícias espetacularizadas, poderia ser considerado o "Notícias Populares" da televisão — "na reportagem se não tiver no som original, pode colocar uma sirenezinha que sempre cabe" (*Manual de Redação do SBT*). Já o Fantástico faz o estilo "tele-revista" muito colorido, ilustrado, e diversificado.

10. "Deixa" significa palavra ou frase que indica a finalização da matéria ou a entrada do repórter. Ex.: "Gil Gomes, aqui, agora"; "Alexandre Garcia, de Brasília".

- Entrevistas: como são feitas as entrevistas e por quem? Quantas foram ao ar? Onde fica o entrevistado? Durante a entrevista outro cenário foi mostrado? Quais as orientações dadas ao entrevistado nas entrelinhas das perguntas? Como respondeu às questões levantadas? Foi bem-sucedido?[11]
- O que é mais importante: qual foi a notícia que teve mais imagens? Qual teve mais texto (o apresentador ou o repórter ficaram falando por mais tempo)? Quais foram as manchetes? Qual a sequência das notícias e suas relações: o que veio depois do quê? Quais os *kickers* escolhidos? Por que houve essa necessidade?
- Opinião: houve manifestação de opinião, de quem? Quantas vezes?

Todos esses aspectos devem ser abordados ao máximo e com a maior riqueza de detalhes possível. As prováveis causas e consequências de cada uma dessas informações devem ser discutidas com os alunos, para que *a discussão operacionalize a leitura crítica da realidade.*

Se o professor tiver condições de gravar e passar o telejornal (ou os telejornais) para o grupo, o trabalho poderá ser mais proveitoso, mas se não houver essa possibilidade, os alunos poderão assisti-lo(s) na noite anterior à aula, fazendo suas anotações em casa, previamente orientados.

Com a capacidade de apontar falhas e meios que as solucionem, o aluno estará criticamente pronto para receber o telejornal como um recurso didático dos mais acessíveis. Neste momento, o professor poderá usar e abusar da cotidianidade, da receptividade, da fácil assimilação, da contextualização através da pesquisa, exemplificando, ilustrando, debatendo, analisando e principalmente apostando no desenvolvimento global do aluno. Nas palavras de Umberto Eco: "Há na comunicação pela imagem algo radicalmente limitativo, de insupe-

11. Podemos citar o caso de políticos como Paulo Maluf que discursa independentemente da pergunta feita, ou Leonel Brizola, que utiliza longas pausas entre uma palavra e outra, para ficar mais tempo no ar.

ravelmente reacionário. E, no entanto, não se pode rejeitar a riqueza de impressões e descobertas que, em toda história da civilização, os discursos por imagens deram aos homens" (1970, p. 363).

Bibliografia

Nesta bibliografia o educador encontrará não somente os textos em que está baseado este ensaio, como também técnicas e exercícios de leitura crítica tanto do telejornal como do conjunto dos meios de comunicação.

ADORNO, Theodor. *Televisión y cultura de masas*. Córdoba: Eudecor Cordoba, 1993.

ARRUDA, Maria Lúcia; MARTINS, Maria Helena. *Temas de filosofia*. São Paulo: Moderna, 1992.

CAMPBELL, Josef. *O poder do mito*. São Paulo: Palas Athena, 1990.

CHAUI, Marilena. *O que é ideologia*. São Paulo: Brasiliense, 1981.

CHIBAI, Silvia. *Telejornalismo, a estética do engodo*. Tese de Doutorado PUC São Paulo, 1994.

COELHO NETTO, José Teixeira. *O que é indústria cultural*. São Paulo: Brasiliense, 1980.

______. Educação e comunicação de massa. *Revista de Cultura Vozes*. Petrópolis: Vozes, n. 74, set. 1980.

ECO, Umberto. *Apocalípticos e integrados*. São Paulo: Perspectiva, 1970.

FREIRE, Paulo. *A importância do ato de ler*. São Paulo: Cortez, 1982.

LAGE, Nilson. *Linguagem jornalística*. São Paulo: Ática, 1986.

MACHADO, Arlindo. *A ilusão espetacular*. São Paulo: Brasiliense, 1990.

McLUHAN, Marshall. *Os meios de comunicação como extensões do homem*. São Paulo: Cultrix, 1968.

MELO, José Marques. *Para uma leitura crítica da comunicação*. São Paulo: Paulinas, 1985.

MORAN, José Manoel. *Como ver televisão*: leitura crítica dos meios de comunicação. São Paulo: Paulinas, 1991.

______. *Leituras dos meios de comunicação*. São Paulo: Pancast, 1993.

SOARES, Ismar de Oliveira (org.). *Juventude e dominação cultural*. São Paulo: Paulinas, 1984.

STEINER, George. *Linguagem e silêncio*: ensaios sobre a crise da palavra. São Paulo: Companhia das Letras, 1988.

III

O jornal e a prática pedagógica

*Fernando Valeriano Viana**
*Ynaray Joana da Silva (colaboradora)***

A utilização do jornal nas atividades curriculares da escola ainda não se constitui prática costumeira nem trabalho pedagógico consistente.

Esta afirmação pareceria exagerada se não decorresse dos dados extraídos da pesquisa já comentada na apresentação desse volume e de onde se originou o presente ensaio. O nosso intento será o de verificar em que medida o jornal se apresenta nas atividades escolares e de que maneira professores e alunos lidam com ele.

Para tanto, foi necessário retomar os diários de campo, nos quais estava anotado o andamento das aulas observadas pelos pesquisadores, assim como olhar mais atentamente para os dados do questionário aplicado aos alunos pesquisados.

Relendo os diários de campo

Após a releitura do minucioso histórico feito pelos pesquisadores enquanto observavam as aulas nas escolas, procedemos a um levantamento dos episódios em que o jornal se fazia

* Prof. Dir. da Rede Pública do Estado de São Paulo.

** Jornalista e especialista em Gestão de Processos Comunicacionais (ECA/USP).

presente na prática pedagógica, com base no qual montamos o seguinte quadro:

Total de escolas observadas: 15

Total de pesquisadores: 15

Total de aulas observadas: 1125

Incidência do uso do jornal nas disciplinas

Categoria	**Port.**	**Mat.**	**Hist.**	**Geo.**	**Ciên.**	**OSPB**	**Ing.**	**Ed. Art.**	**Ed. Fís.**
Aulas observadas	240	225	135	135	135	60	60	90	45
Aulas c/atividades sobre matérias de jornal	4	0	0	2	0	2	0	0	0
Solicitação de pesquisa em jornais e revistas	0	0	2	0	2	1	0	0	0
Atividades com jornal (%)	1,6	0	0	1,4	0	3,3	0	0	0
Aulas c/material coletado pelo professor	2	0	0	2	0	0	0	0	0

Este levantamento constata a baixa utilização dos jornais nas atividades docentes. E mesmo quando tal material é incorporado à matéria didática existem insuficiências evidentes. No entanto, já existe uma bibliografia de bom nível, com orientações e sugestões seguras para se trabalhar com o jornal na sala de aula, como é o caso de algumas publicações da CENP e FDE, além de outras que arrolamos na bibliografia.

Acreditamos que estas publicações não têm chegado às mãos do professor. As condições em que se movimenta a prática do ensino público entre nós não incentiva o profissional à melhoria do seu desempenho em sala de aula e até mesmo lhe dificulta o acesso a meios de aperfeiçoamento do fazer pedagógico a que tem direito.

Os parcos exemplos de atividade pedagógica, com jornal, que aparecem na pesquisa, não vão além da leitura do texto escrito, com questões de entendimento quase sempre oral e algum comentário de superfície sobre o assunto da matéria jornalística. Dessa forma, não se diferencia o trato que se dá ao jornal na sala de aula daquele que comumente se confere ao livro didático.

Disciplinas como Matemática, Inglês, Educação Artística e Educação Física parecem não encontrar elo entre o seu conteúdo programático e o mundo representado diariamente pelos jornais, mas o que não há mesmo é um despertar para a possibilidade de uso, uma busca de alternativas que facultem o aproveitamento das matérias jornalísticas pelos professores.

Nossa vivência como profissional da área, aliada às observações da prática escolar durante a pesquisa, permite-nos afirmar que, quando o jornal aparece nas atividades de sala de aula, é, geralmente, para recortes de palavras com a finalidade de se fixar noções de gramática ou como fonte de pesquisa em recomendações vagas, padronizadas: "procurem em jornais e revistas", ou ainda em uso familiarizado pelo aluno: recortes de gravuras, notícias, reportagens etc., para ilustrar e apresentar trabalhos individuais ou em grupo ao professor e, mais raramente, ao grupo classe. Esses trabalhos, em geral, carecem de comentários orais para o professor e demais colegas. Comumente, são expostos nas paredes da sala de aula e corredores da escola. Em regra, constituem-se como atividades mecânicas. Quase sempre não se cobra do aluno nem mesmo o entendimento do que supostamente leu, e o trabalho redunda numa apresentação muda de recortes de gravuras e textos. O que há é um hábito de recortar, distribuir e colar em cartolinas e afixar, com leitura velada de ambas as partes: "cobrar o quê se sei que não leu?", "o professor sabe que não li mas não se importa".

Em frente a um amontoado de gravuras e notícias e/ou reportagens, os alunos, comumente, se embaraçam e se tornam incapazes de apresentar oralmente o que expuseram nos cartazes. É o que exemplifica um bem intencionado trabalho de Geografia observado numa escola municipal, de classe média, na Zona Sul. Grupos de alunos de 8ª série[1] trouxeram artigos e reportagens recolhidos de jornais, livros e revistas sobre clima e vegetação de determinadas regiões do mundo e, durante a exposição, como

1. Hoje é equivalente ao 9º ano do Ensino Fundamental.

se fosse um seminário, apenas os tentaram ler, sem um trabalho de discussão prévia, entendimento e comentário do grupo.

Evitando a monotonia da apresentação e o murmúrio crescente da classe que se inquietava, o professor acabou tomando a palavra e expondo o que competia ao aluno fazer.

Um exercício com os alunos em classe, a partir dessa experiência — com passos definidos, abrangendo pesquisa, leitura de textos selecionados, produção de um comentário síntese e apresentação oral para os colegas, poderia levar a um resultado mais satisfatório.

Notamos que o trabalho mais razoável de uso pedagógico do jornal em sala de aula se deu, curiosamente, na única escola particular observada, na qual ao professor se concede, com regularidade, um espaço próprio para o planejamento, discussão e avaliação da sua prática, e à clientela não representa uma dificuldade a aquisição diária de um exemplar de jornal. Nessa escola, uma professora de 3ª série[2] adota o seguinte critério para a aula de Português da segunda-feira: os alunos deveriam trazer o Estadinho[3] para, na "Hora das Notícias", comentarem o assunto que acharam mais interessante. Todos os alunos trouxeram para a aula o jornalzinho. Quem leu comentou o assunto que mais lhe chamou a atenção, com participação dos demais colegas. Os alunos que apresentaram as notícias recortaram-nas do jornal para que fossem expostas no "Canto das Notícias" (mural onde eram colocadas as principais notícias da semana).

Como se desenrolou a atividade, pareceu atender mais ao objetivo de iniciar o aluno no gosto pela leitura de jornal. A nosso ver valeria a pena dedicar um tempo maior para a reflexão sobre uma ou mais notícias eleitas, lidas e comentadas pelos alunos. Em vez de se deter somente no Estadinho, seria recomendável, também, uma ampliação de leitura para suplementos infantis de outros periódicos, tendo em vista o enriquecimento da circulação de informações com a presença de matérias provenientes de fontes diversas.

---

2. Hoje é equivalente ao 4º ano do Ensino Fundamental.

3. "Estadinho" é o suplemento infantil publicado todos os domingos no jornal *O Estado de S. Paulo*.

Ao lado dessas atividades, e mesmo sem se fixar num suplemento infantil, caberia um trabalho com o jornal no seu todo, partindo-se de uma leitura da primeira página, por exemplo, com sua função de chamar a atenção do leitor, atraindo-o para a compra do exemplar, bem como direcionando-lhe a continuidade da leitura.

Em publicação da CENP, a que já nos referimos, encontra-se um elenco de sugestões de atividades com o jornal que vão desde a montagem de cabeçalhos à análise do texto jornalístico. São exemplos de atividades endereçadas a professores do ciclo básico à 8ª série[4], que passam por elaboração de manchetes, notícias, anúncios, reportagens, textos opinativos, chegando a orientações sobre montagem de um jornal da classe.

Desde o ciclo básico já nos parece possível um trabalho com reescrita de textos que leve o aluno a perceber e exercitar as diferentes estruturas das variadas construções linguísticas. Uma propaganda pode se transformar linguisticamente numa notícia e vice-versa. E o jornal se presta bem para isso.

A criação de títulos que funcionam como síntese do conteúdo de determinada matéria de jornal, passando necessariamente pela leitura e compreensão do que se leu, constitui uma atividade proveitosa para estudantes das séries iniciais.

Por sua vez os *baloons* das histórias em quadrinhos, com supressão do texto escrito para preenchimento pelo aluno, consiste também num excelente exercício de coerência textual pois a escrita, no caso, deve acompanhar as ações que se sucedem nos desenhos.

Inúmeras outras atividades podem ser facilitadas pelo uso desse material de tão fácil acesso, o jornal, que circula cotidiana e familiarmente entre nós.

O jornal na sala de aula

Não basta, por exemplo, incentivar somente o gosto pela leitura, é primordial que se desenvolva nos alunos a capacida-

4. Hoje é equivalente ao 9º ano do Ensino Fundamental.

de de bem interpretar o que leem, num processo que chamaremos de amadurecimento da leitura crítica.

Para compreender melhor esta ideia, imaginemos a seguinte situação: durante o intervalo, dois alunos brigam no pátio da escola. Imediatamente o professor toma conhecimento do acontecido através de várias "testemunhas". Cada uma delas ressalta um aspecto da briga, cada uma conta a sua "versão" do fato, que pode estar correta, mesmo sendo diferente das demais. O professor, que ouviu várias versões do mesmo acontecimento, pode ainda (e deve) lançar mão de seus conhecimentos a respeito da história anterior dos dois garotos. Então, de posse do maior número possível de dados, o professor que, nesse exemplo, faz o papel do leitor crítico, vai compreender melhor o incidente. Contudo, mesmo tomando essas precauções, ele terá apenas uma noção, uma ideia mais precisa do que aconteceu. Depois de todos esses procedimentos, o criterioso educador, tendo interpretado as informações recebidas, tem condições de formar um juízo, uma nova "versão" do que aconteceu durante o recreio com os dois personagens em questão. Assim, a atitude que tomar referente ao fato se baseará neste juízo que, provavelmente, estará bem perto da verdade.

Se esta situação é bastante comum em nosso dia a dia, por que seria diferente com relação às notícias que lemos nos jornais?

Todo veículo de comunicação, seja ele escrito, falado ou televisado, possui orientações ideológicas: ou seja, os "donos" desses veículos têm um modo particular de ver as coisas e é desse modo que elas vêm contadas nos veículos. Voltando ao nosso exemplo, o professor que ouve a notícia da briga dos alunos se pergunta: "Quem está me contando este fato?" Se a pessoa que conta é a inspetora de alunos, mas também tia de um dos meninos, a versão deverá ser completamente diferente da contada por um dos meninos da sala, que será diferente também da versão da diretora e assim sucessivamente. Portanto, sempre que lemos uma notícia no jornal, por exemplo, devemos nos perguntar quem a escreveu. É muito difícil encontrar em um jornal ligado ao governo uma matéria falando bem da oposição e vice-versa. É por isso que se costuma dizer que pior do que não ler nenhum jornal é ser leitor de apenas um jornal, como seria o caso do professor que ouvisse somente uma versão da briga dos alunos.

Muitas vezes o professor pede ao aluno que realize pesquisa em jornais e revistas sobre algum tema da sua disciplina. No entanto, são raras as oportunidades de discutir os trabalhos e ressaltar os aspectos que não estão, pelo menos aparentemente, ligados ao tema pesquisado.

Ao comentar a pesquisa de seus alunos, o professor pode aproveitar para enfatizar o sentido das palavras, a dimensão que alcançam os signos linguísticos dentro da narrativa. Lembrar-lhes que o discurso retórico faz uso de uma modulação marcadamente persuasiva, recorrendo a expedientes de linguagem, tentando muitas vezes tornar procedente o improcedente, invertendo séries sociais e distorcendo ordens históricas.

Vamos pensar em um assunto que está constantemente nas páginas de jornais e noticiários de rádio e TV: o Movimento dos Sem-Terra. Vejamos, por exemplo, o trecho da matéria publicada no jornal *Folha de S.Paulo* de 2 de maio de 1987: "Enquanto continuavam ontem construindo suas casas de blocos de cimento, os *invasores* da área do jardim Nazaré (...)". Não obstante, um dos principais teólogos da libertação, Leonardo Boff, declarava no mesmo jornal: "Não há *invasão*, disse ontem à tarde o frei Leonardo Boff, (...) é uma *ocupação* pacífica e organizada".

Será que estes dois termos podem ser considerados sinônimos? Eles podem ser alternados dentro de um discurso sem que se modifique seu significado? Não. A carga valorativa destes dois termos é completamente antagônica. Enquanto "invasão" tem um sentido pejorativo, que atribui aos que se encontram nessa situação o caráter de criminosos e usurpadores; "ocupação", pelo contrário, tem sentido positivo, perfeitamente legal, e descreve os indivíduos como pessoas que estão tomando o que é seu por direito, estão reavendo, tomando posse. Vejamos então por que essas distorções acontecem. Sabemos que os discursos retóricos apresentam grande força de pressão ideológica; aliás, quanto maior o grau de adensamento ideológico, mais articulados os recursos retóricos. Nesse caso, os termos são utilizados a fim de adaptar as consciências àqueles interesses dominantes. Esses interesses são presentificados, via signo, e transmitidos a um conjunto significativo da população, com força e poder de "verdades".

Segundo Bakhtin (1979), as forças de poder podem ser consolidadas através da linguagem. Isto porque existe perfeita sintonia entre o mundo dos signos e das ideologias. *A importância de se formar leitores críticos está fundamentada na própria noção de democracia. Afinal, a linguagem não é utilizada apenas para transmitir informações, mas, e sobretudo, para firmar interesses, estabelecer níveis de dominação, fazendo do mundo dos signos uma arena onde são travadas as mesmas batalhas encontradas no mundo dos homens.*

Cabe à escola a tarefa de transmitir os conhecimentos das gerações passadas, mas também, e principalmente, de formar cidadãos conscientes, capazes de compreender o processo histórico de forma global e se posicionar criticamente dentro dele.

Essa leitura crítica — por que não iniciá-la já no começo da escolaridade? Enquanto escrevia, tinha ao meu lado a *Folha de S.Paulo* de 14/8/1994. Estávamos a menos de dois meses do primeiro turno das eleições para presidente e bastava olhar a página frontal desta edição para se ter ideia do candidato de preferência do jornal. Quase ao centro da folha de frente do 1º caderno, à direita, estavam as fotos de rosto e mão dos dois candidatos encimadas pela manchete "FHC e Lula vão para o centro". Em letras menores a legenda explicativa das fotos diz: "FHC (ao alto) ultrapassou Lula nas pesquisas durante a semana em que falaram à Folha". Certamente a este jornal não coube a escolha do distinto nome Fernando Henrique para um, e do popular Lula para o outro candidato, e a ultrapassagem em votos na pesquisa pelo primeiro poderia explicar a sobreposição de sua foto ao do segundo se, nas páginas desse jornal, isso não acontecesse diariamente. Apesar de eufonicamente soar melhor a sequência Lula e Fernando Henrique, há uma preferência obstinada, em cada tiragem do jornal, pela inversão: FHC e Lula. Isso não nos parece uma opção gratuita.

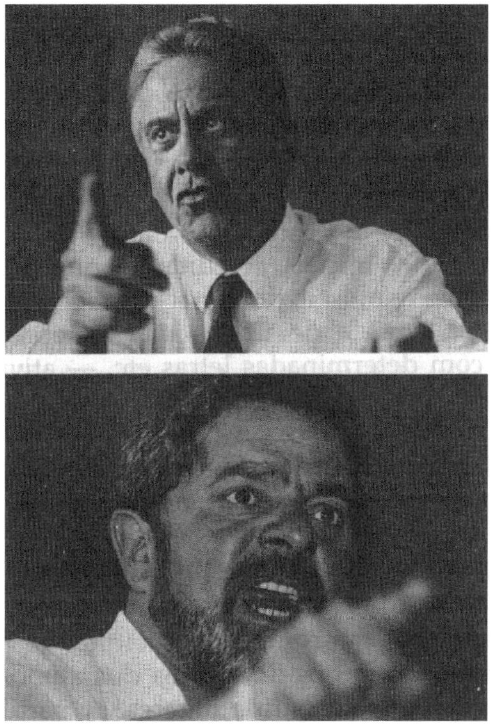

Folha de S.Paulo/Folha Imagem — 14/08/94 — Foto: Jorge Araújo

As fotos dos candidatos nesse jornal de domingo dominavam a primeira página. A do primeiro candidato (FHC) estampava um ar de seriedade e circunspecção. Seu semblante sereno ao lado do dedo ereto como um marco que aponta para o alto representa uma imagem de fortaleza e determinação, inspirando confiança. A do segundo (Lula), com boca aberta, dentes à mostra e cenho contraído revelava agressividade e nos incute um certo temor que motiva insegurança. Seu dedo em riste era vacilante e, portanto, na imagem, apontava para um alvo incerto, levando-nos à intranquilidade. Seguramente, a escolha das fotos pelo jornal também não se deu gratuitamente.

Nem sempre velada, a discriminação voa com as páginas do jornal para todo o território brasileiro e mesmo para além dele. Compete ao leitor crítico afastar o véu do embuste que oculta a verdade. E a escola é o espaço privilegiado, sem dúvida, na formação desse leitor.

E os alunos leem jornal

Se de um lado se constata a precariedade de uso do jornal nas atividades pedagógicas, de outro, surpreende-nos o fato de a pesquisa revelar um significativo contato dos alunos com esse veículo de comunicação.

Cerca de 60% dos estudantes entrevistados leem jornal, embora, nas séries iniciais, acreditamos que conceitos outros de leitura como manuseio do jornal para recortes de palavras, leitura de palavras e de títulos das matérias, procura de vocábulos com determinadas letras etc. — atividades incentivadas pelos professores de 1ª à 4ª série[5] — seguramente levaram o índice da 3ª série para 57,31%. Mesmo os percentuais das demais séries devem ser considerados dentro de critérios flexíveis. Ler o jornal, para muitos dos alunos entrevistados, significa dedicar-se a uma seção específica, que pode compreender apenas as notícias esportivas, ou de lazer, ou mesmo horóscopo.

Constatou-se, também, que a leitura de jornal ocorre, em maior constância nos domicílios dos alunos, seguida da leitura na escola e em outros lugares. A partir da 5ª série, o local de trabalho surge com índice significativo. Isto apenas confirma o ingresso, relativamente precoce, dos alunos no mercado de trabalho.

Na 3ª série, a grande preferência é por Esporte (24,29%), seguido pelo item Cultura e Lazer (20,28%) e Notícias Diversas (12,97%). Nas séries mais avançadas, estes itens continuam na preferência, contudo há um aumento significativo deles, exceto no Policial, que se mantém estável com 5% da preferência. O manuseio dos jornais nas séries iniciais se transforma em leitura mais efetiva nas séries subsequentes. Os alunos da 8ª, em sua quase

---

5. Onde está 1ª, 3ª, 4ª, 5ª, 8ª leia-se, respectivamente, 2º, 4º, 5º, 6º e 9º ano do Ensino Fundamental, conforme utilizado hoje.

totalidade (95,79%), indicaram as partes do jornal pelas quais se interessam. Os dados da 5ª (84,84%) e da 3ª série (66,98%) revelam um decréscimo à medida que passamos para séries iniciais e sugerem que, quanto mais novos os alunos, mais dificuldades encontram para fazer a indicação, em decorrência das evidentes incapacidades de diferenciarem as diversas seções do jornal.

Como se percebe, existem condições propícias para ampliação de leitura de periódicos, com alunos de 1º grau[6], bem como para efetivação de um trabalho indispensável à formação do educando, com esse material de aquisição relativamente simples e caráter facilitador em discussões que aprofundam conhecimentos e formam opiniões.

Uma experiência singular

Devido às condições precárias do trabalho docente, mormente nas escolas públicas estaduais que não dispunham de coordenadores pedagógicos, nem de nenhuma sorte de orientação voltada para o desempenho docente diário (salvo raríssimas exceções), o profissional contava apenas com sugestões oferecidas pela disciplina "prática de ensino" do seu tempo de universidade.

Desse modo, se as atividades pedagógicas com jornal, na prática escolar, são raras e frágeis para um público que mantém um bom contato com esse veículo, é possível inferir que o problema se encontra na insuficiência do manejo desse material por parte da escola.

Sem uma proposta de utilização de periódicos, sem material em mãos, sem incentivo da coordenação escolar nem momentos de discussão para se estabelecer um plano de trabalho com o jornal em sala de aula, o professor sente-se inseguro no uso desse material que poderia, na prática, constituir uma fonte revitalizadora do conteúdo curricular.

O jornal apresenta a dinâmica social, expõe a vida acontecendo e como tal nos aproxima dos assuntos do momento. Ignorar essa explosão cotidiana de atualidades, especialmente na escola de 1º grau, é optar por uma estratégia temerária.

6. Hoje designado como Ensino Fundamental.

Uma experiência interessante, das poucas recolhidas em nossa pesquisa, com jornal de escola, observou-se nas anotações do pesquisador José Luiz Miranda. Trata-se da "Folhinha da Pedrinho", produção dos alunos da EMPG Dr. Pedro Aleixo.

Os alunos de 8ª série, preocupados com arrecadação de fundo para a sua festa de formatura, decidiram que as meninas venderiam doces e os meninos editariam um jornal com assuntos do interesse de todos. Assim fizeram. Espalharam urnas pelo estabelecimento com cartazes pedindo sugestões dos futuros leitores, selecionaram assuntos e conteúdos, assumiram as funções de redatores e a responsabilidade pela publicação e distribuição dos exemplares. O jornal veio à luz revigorando a interação do pessoal da escola num resultado que incentiva a multiplicação dessa prática.

Infelizmente, tratava-se de um exemplo raro. A escola pública deixava transparecer na sua prática cotidiana a fragilidade da sua ação educativa. Os docentes e equipe administrativa não contavam com assessoria para elaboração de projetos nem dispunham dos recursos necessários para pô-los em prática. Encontravam-se submetidos a uma estrutura educacional fria, apática e portanto ineficiente em relação ao pedagógico. Os exemplos que se destacaram como prática mais avançada sugeriam de professores ou grupos de docentes com prática diferenciada, ou mesmo de estímulos esporádicos como era o caso da "Folhinha da Pedrinho", criação feliz nascida de um grupo de adolescentes preocupados com sua festa de formatura.

Um projeto para as escolas

De iniciativa da *Folha de S.Paulo*, existia, um projeto com jornal junto às escolas da capital. Para melhor esclarecê-lo, entrevistamos a coordenadora do "Folha Educação", Profª Flávia Aidar, que nos fez um breve histórico do mesmo.

No primeiro semestre de 1993, o jornal, em dois editais, no caderno cotidiano, convocou educadores para participarem do "Programa Leitura de Jornal". Segundo a coordenadora do programa, o resultado foi surpreendente: professores do Brasil inteiro se inscreveram. Para facilitar o desenrolar inicial do projeto, o jornal limitou o atendimento. Nesse primeiro momento atenderia apenas os professores da capital, selecionando-os ainda pela localização da escola, qual fosse, aquelas cujos endereços já eram alcançados pela distribuição da *Folha*.

A escola em que havia algum professor inscrito recebeu três cartas convidando para uma palestra, de preferência, um educador da direção, um da coordenação pedagógica e um professor, não necessariamente de Português.

Montou-se, nas dependências da *Folha*, uma oficina de treinamento de meio período, com três horas de contato, em que se passou aos participantes o objetivo do programa e se comentou o conteúdo dos dois cadernos (um de 1ª a 4ª e outro de 5ª a 8ª série), que continham sugestões de atividades de sala de aula em todas as disciplinas. Desse modo, o programa se iniciou, na prática, a partir do segundo semestre de 1993, alcançando alunos de 1º grau das redes pública e particular de ensino. O programa garantia a distribuição do jornal, uma vez por semana, na proporção de um exemplar para cada cinco alunos, durante um semestre letivo.

Esse programa, afirmou a sua coordenadora, não era uma experiência isolada ou única — o *New York Times* a desenvolvia desde 1932 em escolas norte-americanas — e está vinculada, internacionalmente, com as preocupações da NIE. *Newspaper in Education*, órgão que estimula a utilização dos jornais como material para ser utilizado em sala de aula.

Os bibliotecários das escolas participantes do "Folha Educação" eram orientados, também durante um encontro, sobre a montagem de arquivo de periódicos (hemeroteca) na unidade.

Além dos dois encontros costumeiros, um de apresentação do projeto e outro para orientação da hemeroteca, a *Folha* e as escolas que participavam do programa comunicavam-se através de boletins.

O "Folha Educação" passou a atender o terceiro grupo de escolas inscritas na proposta, num total de 495 unidades selecionadas pelo projeto do jornal.

Após a fase de seis meses no programa, a escola contaria com todos os exemplares semanais da *Folha*, dependendo da qualidade do trabalho desenvolvido e das possibilidades do jornal em atendê-la. No segundo semestre de 1994, devido ao aumento das vendas suscitado pela distribuição, em fascículos, do *Atlas Geográfico* que acompanhava a edição dos domingos até o mês de dezembro, o encalhe tinha sido quase nulo, dificultando o atendimento às unidades participantes do projeto.

A *Folha* avaliou o programa com dezoito questões que diziam respeito, basicamente, à utilização do jornal em aula, ao número de professores e alunos com ele envolvidos em atividades pedagógicas e ao interesse pela continuidade do trabalho dos que o utilizaram em suas tarefas de aprendizagem.

A tabulação dos dados referentes às questões avaliatórias revelou uma grande dificuldade da escola pública em fazer vingar o projeto do jornal. De 180 questionários de avaliação endereçados às escolas, apenas 46 foram respondidos, ainda assim precariamente, com inúmeras questões em branco e muitas respostas vagas com uso apenas de pronomes indefinidos como: todos, alguns etc. Aliás, como se sabia, a escola pública oferecia uma estrutura precária de funcionamento que dificultava a prática de qualquer programa de ensino. Suas dificuldades iam da falta de pessoal à lacuna na formação dos integrantes da equipe escolar. Estas considerações eram também válidas para a maioria das escolas particulares.

Está claro, no entanto, que é necessário utilizar o jornal em sala de aula. É preciso aprender a utilizá-lo em sala de aula e as sugestões de atividades que constavam dos dois cadernos do "Folha Educação", aprimoradas e acrescidas de reflexões outras, inclusive de crítica à linha editorial da própria *Folha*, nos pareceram precioso exercício a caminho de um aproveitamento do jornal também como elo entre a realidade e o ensino dito formal.

Entre as questões que os cadernos sugeriam para a sala de aula, encontravam-se, em Português, exercícios que levavam ao uso do dicionário, à elaboração de títulos para determinada matéria, criação de legendas para fotografias, reescritas para a apropriação do modo de construção dos diferentes tipos de textos, análise e produção de textos visando, nas séries finais do 1º grau, a um domínio maior no manejo da expressão escrita, até às sugestões de elaboração de um jornal na escola.

Em Matemática, problemas que envolviam cálculos diversos, trabalho com escalas na leitura de mapas, partindo sempre de uma análise da notícia jornalística; leitura e construção de gráficos a partir de dados do cotidiano levantados pelo jornal, e outras atividades singulares, como a de mostrar que a anulação dos elementos matemáticos, em determinados textos, poderia levar à inviabilidade da comunicação.

Segundo sugestões para se estudar história natural nas primeiras séries, em Ciências, poder-se-ia, por exemplo, partir de uma pesquisa sobre os animais em desaparecimento, vinculando o assunto a questões ecológicas que levariam à busca das causas da extinção de algumas espécies. Para tanto, o recorte, a leitura e o arquivo de notícias publicadas pelo jornal fornecem subsídios ao trabalho. Essas atividades resultariam num texto elaborado pelos alunos, com descrição e síntese de suas pesquisas e possíveis soluções para se conter a devastação da natureza. Complementando o estudo, recomenda-se uma visita ao Jardim Zoológico com os alunos, consultando, aí, especialistas no assunto.

Em Estudos Sociais, um exemplo de atividade, dentro de uma visão de estudo sincrônico de História, poderia se desenrolar obedecendo os seguintes passos: a) escolha de uma determinada época para investigação, por exemplo, o Brasil na década de 1980; b) leitura, recorte e montagem de um arquivo com notícias que contenham informações sobre a década em questão; c) dividida a classe em grupos, cada equipe se encarregaria de um assunto: política, economia, cinema, música, literatura, moda etc.; d) planejamento de um seminário para se apresentar — por que não para outras classes? — palestras, shows, desfiles de moda, textos literários etc.

Para a elaboração de atividades como essas, com base em suas publicações, a *Folha* levou em consideração os elementos de currículo de cada série em cada disciplina.

Além de conter sugestões de atividades as mais variadas, esses cadernos do programa "Leitura de Jornal" ofereciam a grupos de alunos interessados em edição de jornais escolares as dependências da *Folha*, sugerindo visitas ao departamento de composição do jornal. Observou-se, contudo, no elenco de exercícios de sala de aula do "Folha Educação", uma total ausência de questões que conduzissem o aluno à percepção das ideologias que envolvem a trama social, despertando-lhes a criticidade necessária a um viver mais consciente e autônomo.

Seria ingênuo, no entanto, esperar que um jornal, cuja proposta filosófica ou ideológica não se encontra voltada para os interesses populares, promovesse, através de um programa como esse, uma análise crítica do produto por ele oferecido. Esta tarefa estaria por conta nossa, educadores, talvez até por nossas limitações, naquele momento histórico e ainda ingrato do processo educacional brasileiro.

Não era nosso intuito, aqui, fazer uma crítica minuciosa ao programa da *Folha* nas escolas, mas, com algumas considerações, suscitar maior reflexão sobre a proposta e incentivar um trabalho pedagógico mais adequado com esse bom material que poderia se tornar permanente na escola, por cortesia do jornal, pondo-se como elemento facilitador em nossa prática diária, até pelo número razoável de exemplares com que a escola podia contar. Era saber usá-lo para além daquele ato de cooperação da *Folha* em cedê-los à escola e de suas sugestões de aplicação.

Nas quinze escolas contempladas pela nossa pesquisa não encontramos nenhuma prática de sala de aula encadeada ao referido programa da *Folha*. Enquanto o caminho for o endereçamento de sugestões de práticas pedagógicas aos estabelecimentos de ensino, desvinculado de um projeto construído pelo grupo-escola, nenhum trabalho digno vingará, excetuando os bons casos de prática pedagógica solitária exercida por professores isolados, ou em pequenos grupos que, apesar das condições desfavoráveis ao ensino, mantêm compromisso com uma educação de qualidade.

Não temos conhecimento de outros programas de jornais junto às escolas. O que havia entre o jornal *O Estado de S. Paulo* e as escolas estaduais ligadas ao Projeto Escola-Padrão eram assinaturas garantidas pelo governo de um exemplar diário desse periódico, para uso pedagógico a critério da equipe escolar.

Considerações finais

O uso do jornal na sala de aula se distanciava da visão que concebia, exclusivamente, textos literários em aulas de Português. Esta ferrenha seleção não nos parecia uma estratégia de equilíbrio. Na verdade, a relação com a literatura, acompanhada do necessário trabalho de análise, precisava ser assegurada no espaço da sala de aula. Subestimar os clássicos na atividade pedagógica cotidiana seria uma prática danosa ao processo de construção do saber em constituição na escola pública. Se a elite continuava lendo os clássicos nas escolas particulares, não seria democrático sonegar esta prática aos representantes das camadas populares que frequentavam e frequentam as escolas oficiais. No entanto, não podemos ignorar o uso do jornal, em sala de aula, pelas possibilidades de trabalho que nos faculta com a linguagem, além de nos possibilitar reflexões sobre o padrão intermediário da língua e sobre os recursos linguísticos dos mais variados tipos de textos por ele veiculados. Permite--nos, ainda, a discussão de temas sociais; a análise das múltiplas interpretações elaboradas por diferentes segmentos da sociedade; o estudo de um produto com uma função social específica que determina o seu modo de construção; além de tantas outras possibilidades de uso a medir pelos comentários no corpo deste trabalho, bem como de outras mais a depender da criatividade do professor.

As discussões suscitadas em sala de aula nas reflexões sobre matérias de jornais permitem aos alunos, pela leitura crítica, o desenvolvimento da consciência da cidadania. Essa percepção crítica requer, no entanto, um trabalho mais amplo e consistente que não dispensa o texto literário.

Compete à escola fornecer aos alunos os instrumentos para se tornarem leitores críticos não só de textos mas do mundo que os cerca. Fazê-los perceber que os jornais não são neutros, nem puras as suas informações. As ideias neles veiculadas expressam os interesses e ideologia dos seus editores e colaboradores. Nessa linha de preocupação, José Marques de Melo sugere que os alunos não imitem a grande imprensa no seu jornal escolar, mas aproveitem esse espaço para expressarem seus conflitos e interesses e exercitarem a sua liberdade de cidadão participante dentro da escola. Com isso, estariam executando atividades práticas de língua sem um treinamento gramatical ou sistematização da língua dissociada da prática.

Conclui-se, pois, destas considerações, que o jornal vai além do auxílio na prática do ensino dito formal; ele é, sobretudo, importante instrumento de educação. O seu bom uso pedagógico inclui o processar criticamente as informações e o entendimento dos mecanismos que lhe são próprios como empresa e como mosaico de "gêneros", temas e estilos.

Há, na prática educacional, experiências que consistem em se fazer ponte entre a realidade e o ensino formal. Para isso o jornal se presta magnificamente: o envolvimento com as eleições pode motivar o conhecimento da História do Brasil pelo caminho das táticas eleitoreiras no país desde os seus primórdios, ou um novo tratamento da Aids pode suscitar o interesse por Ciências.

Um assunto de interesse veiculado pela imprensa e escolhido para estudo em sala de aula pode requerer uma série de outros conhecimentos, dando origem a um ensino menos abstrato. Um bom exemplo dá Gilberto Dimenstein em seu prefácio ao Caderno Folha Educação — Programa Leitura de jornal:

> "A indignação com os meninos de rua, assunto diário da imprensa, deve ser acompanhada da absorção de conhecimentos sobre demografia, migração, urbanização, distribuição de renda, salário mínimo, desemprego, inflação".

Uma temática como esta aproveitada pela escola, estaria dando origem a tim mais producente estudo integrado entre as disciplinas, tendo como fonte permanente o jornal, material fácil de ser consultado e mesmo de ser usado no cotidiano escolar.

Bibliografia

ALVES, Maria Leila (coord.). *Linguagem e linguagens*. São Paulo: FDE, 1993.

BACCEGA, Maria Aparecida; CITELLI, Adilson O. Retórica da manipulação: os Sem-Terra nos jornais. *Revista de Comunicação e Artes*, n. 20, ECA/USP, São Paulo, 1987.

BAKHTIN, Mikhail. A interação verbal. In: *Marxismo e filosofia da linguagem*. São Paulo: Hucitec, 1979.

FARIA, Maria Alice de Oliveira. *O jornal na sala de aula*. São Paulo: Contexto, 1989.

FOLHA EDUCAÇÃO. Programa de Leitura de jornal (1ª à 4ª série). Caderno de Orientação ao Professor publicado pela *Folha de S.Paulo*, 1993.

FOLHA EDUCAÇÃO. Programa de Leitura de jornal (5ª à 8ª série) Caderno de Orientação ao Professor publicado pela *Folha de S.Paulo*, 1993.

LACE, Nilson. *A estrutura da notícia*. São Paulo: Ática, 1987.

MELO, José Marques. *Comunicação social*: teoria e pesquisa. Petrópolis: Vozes, 1973.

MORAES, Maria de Lurdes de Lorenzo; JORGE, Sônia de Gouveia. O jornal na sala de aula: possibilidades de uso pedagógico. In: *Atividades para o ciclo básico*. São Paulo: Cenp, 1993.

ROSSI, Clóvis. *O que é jornalismo*. São Paulo: Brasiliense, 1980.

IV

Rádio e educação — um diálogo possível

*Ynaray Joana da Silva**
*Luciano Biagio Toriello (colaborador)***

> Pequena caixinha que carreguei quando em fuga para que suas válvulas não pifassem; que levei de casa para o navio e o trem para que meus inimigos continuassem a falar-me perto da minha cama e, para minha angústia, as últimas palavras da noite e as primeiras da manhã, sobre suas vitórias e sobre seus problemas... — Prometa-me não ficar muda de repente.
>
> *Bertold Brecht*

Desde que o rádio apareceu na Europa, no final do século XIX, passou por grandes transformações. Ao disputar espaço com a televisão, todos pensavam que seria esquecido e colocado em segundo plano. Mas ele se modernizou, assimilou as novas tecnologias e conquistou efetivamente seu espaço, conseguindo manter seu prestígio, chegando à década de 1990 como o mais flexível dos meios de comunicação de massa.

Alvo de projetos ambiciosos, como o de Educação Permanente, idealizado pela Fundação Roquete Pinto e Rádio MEC,

---

* Jornalista. Especialista em Gestão dos Processos Comunicacionais (ECA/USP).
** Professor no ensino básico. Especialista em informática.

esse veículo ganhou *status* de principal aliado daqueles que defendem a educação a distância. Preferência que se alicerça nas pesquisas de opinião, que apontam o rádio como o meio de comunicação de massa mais consumido, ao lado da televisão, superando-a em alguns casos.

Como pretendemos demonstrar nesse livro, o discurso subterrâneo formado pelas linguagens midiáticas (TV, rádio, jornais, revistas etc.), nem sempre em sintonia com o discurso da escola, perpassa o cotidiano dos alunos e se faz presente na sala de aula. Entre os MCM mais próximos ao dia a dia das pessoas, o rádio prossegue, hoje como ontem, modificando costumes, hábitos, tendências e gostos; sendo, muitas vezes, utilizado como um instrumento de persuasão, pois tem um importante impacto cultural sobre os ouvintes.

Impressionados com os números apresentados pela pesquisa que antecedeu a elaboração desse ensaio, realizada em 1993, envolvendo quinze escolas das redes pública e privada e um questionário aplicado a mais de mil alunos, com idades variando entre 9 e 17 anos, e também com os dados dos institutos especializados em pesquisa de opinião sobre audiência de rádio, resolvemos nos dedicar a conhecer um pouco mais esse veículo, sua história e os caminhos que o levam, cada vez mais, para dentro da sala de aula.

HISTÓRICO

A fundação das primeiras estações de rádio aconteceu em decorrência da necessidade que os fabricantes de material radioelétrico tinham em generalizar suas experiências e popularizar técnicas difundindo concertos e notícias. A primeira transmissão radiofônica foi realizada em Pittsburg, nos Estados Unidos, no ano de 1920, pela Companhia Westinghouse. No início da década de 1930, as técnicas se aperfeiçoaram. Os estúdios onde foram instalados os microfones e reunidos músicos, artistas e locutores encontravam-se na cidade, enquanto os centros emissores estavam instalados fora dela. A potência dos postos aumentou e o número de ouvintes também, transformando o rádio em um veículo de informação e propaganda.

Os progressos da amplificação permitiam modular as correntes do emissor e melhorar o som com a produção de válvulas heteródinas e super-heteródinas. A programação era formada, preferencialmente, por música, o que permitia o acréscimo indefinido dos programas. Paralelamente, a fabricação menos dispendiosa dos aparelhos receptores possibilitou a produção em série, o que fez baixar os preços e atrair novos compradores.

O aumento da produção radioelétrica provocou a criação de empregos na indústria e no comércio, apareceram profissões como técnico de reparação de aparelhos, que muitas vezes é também o revendedor de aparelhos usados. À medida que se desenvolveu, o rádio, primeiramente atividade complementar, foi definindo novas funções como as de realizador, produtor, locutor, animador e jornalista, entre outras.

Tornando-se um assunto profissional, os programas de rádio foram se especializando e estendendo-se durante quase todo o dia. Muitas emissões retransmitiam atividades que não foram concebidas para o veículo: concertos, canções, peças de teatro, conferências, leitura de extratos de livros ou de jornais; pouco a pouco, no entanto, sob a influência da nova técnica, apareceram novos gêneros — rádio-teatro, folhetins radiofônicos —, cujos efeitos sobre os ouvintes foram impressionantes, tal como *A guerra dos mundos*,[1] que deixou Nova York em pânico.

As três finalidades do rádio, segundo seus idealizadores: informação, cultura e divertimento, não se apresentavam na mesma ordem de importância. Na Europa, mais da metade dos programas das grandes emissoras era dedicada à música (principalmente concertos e artes líricas), e as transmissões literárias e históricas procuravam difundir o patrimônio cultural,

1. Durante a programação de 30 de outubro de 1938, foi veiculada a falsa notícia de que a Terra estava sendo invadida. Tratava-se de: *A guerra dos mundos*, transmissão que perturbou a cidade de Nova York, pois muitos de seus habitantes acreditaram que ela fosse verdadeira, imaginando uma invasão de marcianos; essa "brincadeira" deu, de um dia para outro, fama ao seu autor, um jovem de 23 anos: Orson Welles.

reforçando, conscientemente ou não, a ideologia dominante. A rádio escolar e, em certos países, as emissões religiosas contribuíram da mesma forma, agindo no sentido de reforçar o caráter cultural do rádio e, portanto, sintonizando-se também com o poder. Por outro lado, o divertimento (canções, jogos e esquetes) ocupava o primeiro lugar nas estações comerciais que procuram atrair o máximo de ouvintes para os postos privados, apostando na publicidade e encarando o rádio como um instrumento de mercado.

A guerra das ondas

Durante a Segunda Guerra Mundial, o rádio demonstrou sua superioridade em relação à imprensa escrita, mais facilmente submetida à censura. O rádio ignorava as fronteiras e tomou, com a guerra, dimensões mundiais penetrando, desta forma, nos continentes da Ásia e África, locais que ainda não havia conquistado. Nesta época, também, surgem importantes redes internacionais como a *Vox of America, Radio-France* e a *BBC*, a qual produzia programas em 23 idiomas.

A guerra das ondas foi tão acirrada quanto a das armas. As emissões estrangeiras eram procuradas pelos habitantes dos países em guerra, sobretudo em sua própria língua: cada Estado difundia informações no idioma de seus inimigos tendo em vista não só informá-los, mas também arruinar o moral da população. O rádio transformou-se em uma importante arma psicológica utilizada para confundir os adversários. Surgem as rádios negras,[2] cuja função era disfarçar a origem e confundir a opinião pública dos países inimigos. Os ingleses se tornaram mestres nesse assunto conseguindo manter funcionando durante muito tempo na Alemanha a Rádio Secreta, como se as emissões estivessem sendo geradas naquele país, e a Rádio Livorno, que se fazia passar por um emissor instalado dentro de um navio, em Livorno. Estas interferências serviam

2. Assim se chamavam, naquela época, as rádios clandestinas. Hoje seriam conhecidas como rádios piratas.

para impedir a escuta de emissões vindas do exterior e, ao mesmo tempo, dificultar o contato radiofônico entre os aviões inimigos.

Finalmente, o rádio contribuiu, em certos casos, para o fim do conflito; na Itália, em outubro de 1943, o veículo foi utilizado para fazer concentrar em Malta os navios italianos e, no Japão, o imperador tomou a palavra para anunciar ao povo japonês a capitulação, em 1945.

O papel político do rádio

A larga utilização durante a Segunda Guerra fez com que o rádio passasse a ser encarado como um grande instrumento de mobilização. O interesse pelo veículo se intensificou e começaram a ser criados postos emissores em todos os países e em uma velocidade espantosa. Em 1944 havia, aproximadamente, 2.500 estações de radiodifusão espalhadas pelo mundo;[3] 15 anos depois, esse número saltou para 12.700 e não parou mais de crescer.

Grande aliada em tempos de guerra, a pequena caixinha falante e cheia de válvulas não ficou esquecida durante o armistício, seu poder de persuasão também foi explorado em tempos de paz. O primeiro registro de utilização sistemática do rádio como instrumento de manipulação data de 1933, nos Estados Unidos, com Franklin Roosevelt e suas *Conversas à lareira*. Essa estratégia foi resgatada pelo ex-governador de São Paulo, Orestes Quércia, no programa *Fala governador* e pelo ex-presidente José Sarney, nas *Conversas ao pé do rádio*, programa transmitido somente para as regiões Norte e Nordeste.

O contato entre o político e o cidadão, através das ondas do rádio, é tão eficiente que até mesmo a assessoria do presidente Fernando Henrique Cardoso utilizou essa fórmula. Produziu um programa no estilo dos anteriores, em que o gover-

---

3. Segundo levantamento realizado por Pierre Albert, em 1944 havia aproximadamente 1.900 estações de rádio no continente americano, a grande maioria nos Estados Unidos, 415 na Austrália, 173 na Ásia e apenas 43 na África.

nante se dirige aos governados de forma direta, quase como um amigo, explica-comunica-expõe suas ações e pede a aquiescência do outro, o ouvinte. Mas estes são apenas os exemplos mais claros de utilização do rádio como instrumento de manipulação, já que a maioria das concessões está nas mãos de políticos, que dispõem da programação inteira e não apenas de um horário para se promover.

De acordo com Lobato (1995) as telecomunicações no Brasil estão nas mãos de apenas oito famílias. Empresários e políticos burlam as leis registrando as concessões em nome de parentes, garantindo assim o monopólio dos meios de comunicação. O Código Brasileiro de Telecomunicações (CBT) proíbe a concentração de mercado. A legislação, criada durante o regime militar, determina que nenhuma pessoa ou entidade pode ter participação em mais de dez emissoras de TV, em todo o país, das quais cinco, no máximo, podem ser VHF.

No entanto, a família do empresário Roberto Marinho (Globo) participava como acionista em 17 emissoras de TV, das quais 15 são VHF. Enquanto as famílias Saad (Bandeirantes), Abravanel (SBT) e Câmara (Anhanguera, região Centro-Oeste) seguiam a líder de perto, possuindo, as duas primeiras, nove concessões e, a terceira, sete, todas em VHF.

A distribuição de concessões de rádio e televisão é prerrogativa do presidente da República, que muitas vezes as pode utilizar como instrumento de barganha. Por isso, muitos políticos vinculam o apoio ao governo a este tipo de favorecimento. A lista é bem grande. Entre os mais conhecidos estavam os nomes de Antônio Carlos Magalhães (senador) e seu filho Luís Eduardo (deputado federal e presidente da Câmara); Fernando Collor de Mello (ex-presidente da República); Tasso Jereissati (ex-governador de Ceará); José Sarney (ex-presidente da República e senador); Inocêncio de Oliveira (deputado federal); Geraldo Bulhões (ex-governador de Alagoas); Orestes Quércia (ex-governador de São Paulo), Jader Barbalho (ex-governador do Pará) entre outros. No Nordeste, os grupos locais mais fortes, que possuem concessões de rádio e/ou televisão, estão ligados aos políticos.

Com personagens tão conhecidos no cenário nacional, é impossível que o governo ignorasse as irregularidades. A pena para a desobediência ao Código é bastante severa: a cassação da emissora. Contudo, apenas uma vez a punição foi aplicada. No final da década de 1960 o empresário Ulisses Ferreira Júnior foi obrigado a vender cerca de 20 concessões de rádio que estavam em seu poder, até se enquadrar nos limites do CBT.

O rádio no Brasil

No Brasil, a primeira transmissão oficial de radiodifusão foi feita durante a Exposição Internacional do Centenário da Independência, em 1922, na Praia Vermelha, no Rio de Janeiro. E a primeira emissora brasileira foi a Rádio Sociedade do Rio de Janeiro, fundada por Roquete Pinto, em 1923. Nesse período as emissoras denominavam-se clubes ou sociedades, pois não tinham outras fontes de manutenção tanto em recursos humanos, financeiros e técnicos senão dos sócios, os aficcionados.

Com a regulamentação, em 1931, as rádios ganharam novo alento. O Decreto n. 20.047 permitia às emissoras receberem pagamentos por propaganda comercial, facilitando e modificando as características do veículo. A novidade do decreto consistia na permissão para que 10% da programação se destinasse à comercialização de anúncios e estabelecia a obrigatoriedade de retransmissão do Programa Nacional por todas as emissoras do Brasil.

A revolução de 1930 fez com que o país vivenciasse transformações relevantes: a indústria cresceu e os produtos começaram a ser colocados no mercado interno. Nesse contexto, o rádio apareceu como um grande intermediário, multiplicando a eficiência dos pontos de venda. A urbanização já era uma realidade e o processo de acomodação encontrou no rádio um poderoso instrumento de divulgação. A própria linguagem radiofônica passou a ter suas especificidades; jornalistas, teatrólogos, publicitários começaram a atuar nas programações, que deixou de ser elitizada para se tornar coloquial, simples e direta. Essas transformações encontraram na Rádio Record, de São Paulo, seu principal agente. Nomes como César Ladeira e

Nicolau Tuma desempenharam importante papel político, principalmente durante a Revolução Constitucionalista de 1932.

A era de ouro do rádio

Alguns autores afirmam que todas as ideias até hoje utilizadas na radiodifusão brasileira foram concebidas na década de 1930; mas é consenso que a era de ouro do rádio aconteceu entre 1936 e 1950. Esse marco histórico tem seu maior referencial na Rádio Nacional do Rio de Janeiro, fundada em 12 de setembro de 1936. Era a PRA-8, uma emissora de estrutura gigantesca e de cobertura nacional, mediante ondas médias e curtas. Pela sua organização administrativa e artística, se constituiu no modelo para os empresários da radiodifusão. Torna-se o "Olimpo Radiofônico", aspiração suprema para os profissionais do setor.

O número de estações de rádio cresceu em todo o país. Nessa fase histórica foram inauguradas as rádios São Paulo, Bandeirantes, Record e Pan-Americana, em São Paulo; e Mayrink Veiga, no Rio de Janeiro. Essa proliferação, principalmente nas regiões Sudeste e Sul, tornaram o rádio um verdadeiro veículo de massa.

Diferente do que aconteceu nos Estados Unidos e na Europa, onde a intervenção do Estado era marcante em grande parte da programação radiofônica, no Brasil o rádio já nasce com vocação comercial, a participação do governo se dando apenas durante a transmissão do Programa Nacional. O restante da programação era elaborado conforme o gosto popular. O entretenimento aparecia em primeiro lugar, compreendendo música, humorismo, variedades e informações. A música popular brasileira destacava-se. Intérpretes como Ângela Maria, Francisco Alves, Vicente Celestino e muitos outros inscreveram seus nomes na história do rádio. Data dessa época a disputa entre os fãs-clubes de Emilinha Borba e Marlene, que provocavam grandes brigas nos auditórios lotados.

A "era de ouro" do rádio pode ser caracterizada, também, pela atitude dos ouvintes em relação ao veículo. Apesar de ter se modernizado, no final da década de 1950, o rádio ainda era um aparelho relativamente grande e pesado, que costumava ficar sobre um móvel, na sala, onde as pessoas, geralmente a família, se reuniam em torno para ouvi-lo. Era quase uma celebração: a audiência permanecia muda (ou quase) enquanto era envolvida pelas ondas do rádio.

Nesse período surge a televisão. Embora somente na década de 1960 o poder da TV se manifeste no Brasil, os diretores das emissoras de radiodifusão já atentavam para uma reestruturação de suas estações. A mais importante notícia para o setor veio dos Estados Unidos, onde os laboratórios Bell anunciavam a descoberta de transistores. As pesquisas fizeram com que, a partir de 1960, fossem produzidos aparelhos receptores transistorizados, facilitando o uso do aparelho individualmente, tornando-o um meio de comunicação particular, ao alcance de qualquer pessoa, em qualquer lugar e modificando assim, de maneira definitiva, o hábito de ouvir rádio.

Já para as emissoras, a grande transformação se deu na programação. Modificaram-se as estruturas, os formatos e até mesmo a linguagem. O aparecimento das emissoras em frequência modulada diferenciou as emissões. Embora a indústria eletrônica não dispusesse de elementos para suprir a demanda, os aparelhos receptores de FM eram importados por preços acessíveis. Hoje, as FMs estão implantadas nas principais cidades brasileiras. Sua programação, basicamente de entretenimento, sobressaindo-se os musicais, é destinada aos jovens.

RÁDIO E EDUCAÇÃO[4]

Como podemos observar, o rádio, por sua flexibilidade, conseguiu manter seu *status* de veículo de comunicação mais popular do país. Com uma programação versátil e a opção das

4. Durante o período de 2002 a 2004, foi desenvolvido o projeto "Educom rádio", cujo público-alvo era a comunidade da Rede Municipal de Ensino da cidade de São Paulo. O trabalho foi coordenado por docentes da ECA/USP. Para mais informações acessar http://www.usp.br/nce.

transmissões AM e FM, o rádio chega à atualidade como uma preferência nacional. Segundo pesquisa Ibope[5] 98% dos entrevistados ouviam rádio por até duas horas por dia. Democrático, esse veículo atinge desde o analfabeto até o intelectual, mediante programas adequados a cada classe de ouvintes; desde o boia-fria que vive em uma região sem energia elétrica até o cidadão urbano das grandes metrópoles. Um receptor com ondas curtas pode captar a programação de um país mais próximo e até de um país localizado em outro continente.

Companheiro de todos os momentos, pois não exige que o ouvinte deixe de dar prosseguimento às suas tarefas diárias (por exemplo as donas de casa, os vigias noturnos, motoristas de táxi, entre outros), o rádio consegue penetrar em todos os lugares, inclusive nas salas de aula.

Da sala de estar para as salas de aula

Décadas se passaram e o hábito de ouvir rádio se modificou. Hoje ele não exige mais aquele ritual da audiência como fazia nos anos 1950, pelo contrário, rejuvenesceu e agora acompanha os adolescentes em todos os seus agitos. Já não é mais um equipamento próprio da sala de estar; está lá, mas também na cozinha, no escritório, nos quartos, enfim... Com a versão *walk-man* ganhou fones e a rua, acompanhando o ouvinte onde quer que ele esteja, e essa versatilidade permite ir com o aluno direto para a sala de aula.

Raros foram os registros de estudantes que levavam o aparelho consigo e continuavam ouvindo a programação durante o período de aulas; no entanto, é fato que eles chegavam à escola com o imaginário estimulado pelo que ouviram. Como veremos adiante, grande parcela dos adolescentes preferia sintonizar as FMs, que são reconhecidas pela descarga intensa de "informação" com que buscam atingir o ouvinte. Talvez esteja na hora de o professor saber o que povoa a cabeça dos seus alunos.

---

5. Dados de abril/1995.

De acordo com a pesquisa já citada, 93,63% dos alunos da 3ª série ouvem rádio regularmente; o número sobe para 97,24% quando se trata dos alunos da 5ª série, sofrendo um ligeiro decréscimo da 5ª para a 8ª, mantendo-se em 95,52%. Com exceção da 3ª série, o rádio é mais consumido que a televisão.

Apesar da nítida opção que algumas emissoras fazem de se dedicar à faixa jovem, podemos dizer que a programação radiofônica atende a todos os gostos, do popular ao erudito. Existe, hoje, no dial uma gama de opções que atende a todos os gostos, da programação infantil àquela dedicada a terceira idade. É verdade, contudo, que essas duas categorias ainda podem ser melhor exploradas. No nosso caso, como o público-alvo era formado por adolescentes de 9 a 17 anos, o recorte era bem mais específico. As Tabelas I e II demonstram que a estratégia adotada pelos produtores e programadores musicais atingia em cheio a faixa etária cobiçada. Ao perguntarmos aos alunos qual era a estação de rádio preferida, o resultado foi o seguinte:

Tabela I. Emissoras mais ouvidas pelos alunos

	3ª	5ª	8ª
1	Transamérica	Transamérica	Transamérica
2	Jovem Pan 2	Cidade	Cidade
3	Cidade	Rádio X	Nova FM
4	Rádio X	Jovem Pan 2	Rádio X

Embora os dados apresentados acima tenham sido coletados em 1993, eles continuam refletindo a preferência do público jovem pela programação veiculada por estas rádios. A pesquisa realizada pelo Ibope,[6] dois anos depois, indicava uma

6. O instituto de pesquisa Ibope é responsável pela aferição dos níveis de audiência de rádio e televisão em todo o Brasil. As pesquisas são realizadas mensalmente e apresentadas aos clientes em forma de relatório. Os dados que aparecem nesse ensaio

mudança muito sutil nos níveis de audiência. Segundo o instituto, os jovens preferiam as seguintes emissoras:

Tabela II. Emissoras mais ouvidas (Ibope, abril/1995) (%)

	10 a 14 anos	15 a 19 anos
Jovem Pan 2	18	25
Cidade	14	12
Rádio X	10	31
Transamérica	16	17

Ao compararmos as duas tabelas devemos levar em conta três fatores: primeiro, a data e as condições em que foram realizadas as duas pesquisas; segundo, o Ibope entrevistou indiscriminadamente ouvintes de rádio, sem levar em conta qualquer outra característica; já a nossa pesquisa foi aplicada a alunos das escolas públicas e privadas da Grande São Paulo; e, terceiro, que as faixas etárias com que trabalhava o Ibope abrangiam uma faixa etária ligeiramente superior àquela mencionada na pesquisa.

Resguardadas as diferenças metodológicas utilizadas, podemos estabelecer alguns paralelos entre as duas tabelas. Na Tabela I, faixa etária de 10 a 14 anos, a Rádio Transamérica, que foi indicada por unanimidade pelos alunos como sendo a favorita, aparece, de acordo com o Ibope, em segundo lugar, muito próxima da Rádio Jovem Pan 2, primeiro lugar conforme o Ibope. Já a Rádio X e Rádio Cidade ocupam, respectivamente o terceiro e o quarto lugares nas duas pesquisas.

Observamos algumas alterações, no entanto, na faixa etária dos 15 aos 19 anos. A Jovem Pan, que nem sequer é citada pelos alunos da 8ª série, pula de 18% para 25% de audiência, segundo o Ibope, e a Rádio X, que aparece na Tabela I em ter-

---

referem-se à audiência das rádios FM durante abril de 1995, mês em que foram entrevistados 12.780.000 ouvintes, dos quais 13% encontram-se na faixa entre 10 a 14 anos e 11% de 15 a 19 anos.

ceiro e em quarto lugar, alcança o índice de 31%, sendo a grande líder, predileta entre os jovens acima de 15 anos, os quais dedicam à Transamérica apenas 17% (terceiro lugar). Para a Rádio Cidade, nenhuma novidade, pois aparece entre as primeiras mas não disputa a liderança.

Estilos de programação

A opinião dos jovens, que é quase linear no tocante à estação preferida, sofre mudança quando o assunto é programação. Ao serem indagados sobre o tipo de programa mais ouvido, os alunos responderam:

Tabela III. Programas mais ouvidos pelos alunos (%)

	3ª	5ª	8ª
Programas musicais	72,41	88,97	92,16
Futebol	31,60	24,14	15,41
Entrevistas	11,08	10,80	9,80
Noticiários	12,97	7,82	8,40
Programas religiosos	6,60	3,91	2,24
Outros	3,07	2,76	3,64

Musicais

Os programas musicais são os preferidos, sendo que na 8ª série chegam a atingir mais de 90% de audiência. É interessante notar que todas as estações citadas pelos alunos nas tabelas I e II tocavam quase o mesmo tipo de música — *dance music* — com ligeira variação do rock nacional. A única que se afasta desse padrão é a Rádio X, pois não tocava *dance music* mas sim a denominada música sertaneja, além do rock nacional.

Segundo Paulo Mello, supervisor artístico da Rádio Transamérica, que apareceu em primeiro lugar na pesquisa realizada com os alunos, essa liderança não aconteceu por acaso: toda a programação era elaborada visando a atingir o público jovem, de 15 a 25 anos. Descontração, um coquetel preparado a partir de música popular nacional e internacional e uma grande porção de besteirol eram os ingredientes que compunham a grade de programação das emissoras citadas.

Rádio Transamérica

A Transamérica transmitia, via satélite, sua programação em rede nacional composta por 32 transmissoras. As músicas apresentadas eram aquelas consideradas "próprias" do público adolescente, sendo os ritmos principais o *dance* e o *pop*, representados por intérpretes como Michael Jackson, Madonna, Boy George, Duran Duran, entre outros. O pequeno espaço reservado à produção nacional era dedicado a artistas ou grupos que, na mesma linha dos colegas estrangeiros, se dedicavam a esta faixa etária *teen* — neste caso, os estilos preferidos eram *rock*, *reggae* e *rap*.

O carro-chefe da emissora eram os programas: *Epidemia* (elaborado a partir das músicas mais pedidas em todos os estados), *Adrenalina* (lançamentos nacionais e internacionais, em maior proporção) e *Rádio Escuta* (as mais ouvidas durante a programação, apresentadas em um único bloco, sem intervalo, especialmente para serem gravadas). Uma das funções desses programas era testar a audiência. Por outro lado, a Transamérica também investia na veiculação de programas como *Naftalina* e *Sarcófago* (ambos somente com músicas tipo *flash-back*), buscando atingir uma faixa etária mais adulta.

A seleção das músicas que seriam apresentadas nos programas *Rádio Escuta* e *Epidemia* era realizada através do *Transa 3*. O locutor introduzia trechos de três músicas e pedia ao ouvinte que escolhesse a melhor. A "eleição" era feita todos os dias, em horários estabelecidos. Os participantes concorriam a brindes e sorteios, e a vencedora era apresentada na íntegra ao final do programa.

Jovem Pan 2

A transmissão da Jovem Pan 2 era direcionada para um público mais jovem, com uma faixa etária variando entre 10 e 18 anos, e sua programação, a exemplo do que acontece com a Transamérica, era baseada em músicas norte-americanas. O mínimo espaço reservado às músicas nacionais era preenchido por grupos de *rock* como Titãs, Paralamas do Sucesso, Skank e outros.

Pânico era o principal programa da rádio, transmitido diariamente em cadeia nacional entre às 12 e 14 horas. Seu título chegava a ser delicado se comparado à forma agressiva do humor que o caracteriza. Entre sequências de músicas, os locutores entravam no ar contando piadas, fazendo trocadilhos de palavras e imitando vozes de personagens. Há momentos em que ouvintes de todo o país entravam em contato telefônico com o programa e, após se identificarem, são insultados com termos como "besta humana", "idiota", "chato", "burro" e outros da mesma natureza, quando não eram convidados a ouvirem outras rádios ou, então, simplesmente retirados do ar.

Existia um momento especial dentro do programa denominado *Boi na linha*, na verdade um trote telefônico, em que o locutor ligava para um número de telefone encontrado em algum anúncio de classificados e, mostrando-se interessado no objeto anunciado, passava a agredir a pessoa que o atendera.

A total falta de seriedade de *Pânico* já era uma característica absorvida pelos ouvintes. Seus produtores afirmaram que, quando o compositor Tom Jobim faleceu, foi decidido veicular a informação durante o horário do programa. No entanto, eles constataram que a notícia não mereceu nenhum crédito por parte da audiência.

Segundo a produção do programa, os altos índices de audiência alcançados justificavam-se pela descontração, falta de seriedade e pelo prazer que os ouvintes sentiam em verem as outras pessoas passarem por situações de extremo constrangimento.

A receita do sucesso

Como vimos, a linha editorial da Rádio Transamérica e da Jovem Pan 2 eram bastante semelhantes e talvez por isso se alternavam na liderança da audiência do público a que se dedicam. Existiam vários pontos de contato entre a programação das duas emissoras; um deles era a elaboração de paródias em cima de músicas já bastante conhecidas, tendo sempre a obscenidade, a violência e o preconceito contra as minorias como tempero para o humor. Essas versões chegaram a alcançar um considerável sucesso, entrando na relação das músicas mais pedidas pelos ouvintes. No momento, estava sendo veiculada, na Transamérica, a versão de "Pacato cidadão", de Skank, e na Jovem Pan 2 a de "Pensamento" do conjunto Cidade Negra.

Spanke — Tarado Ricardão

Oh tarado Ricardão, vou te chamar a atenção, cuidado meu irmão
Você queria a minha tia, mas a velha tá caída, não vai nessa não
Já traçou a vila inteira, bagulhos incríveis, você é um animal
A mulher da padaria, até a moça da cantina você já fez mal

Tarado Ricardão, oh tarado, metido a garanhão
Tarado Ricardão, oh tarado só pega bagulhão

Oh tarado Ricardão, vou te chamar a atenção cuidado charlatão
Continua nessa vida procê ver o que acontece com o teu bimbão
Já traçou a vila inteira, é um disque entulho, é um animal
Xavecou a minha tia, mas a véia tá caída, tá no hospital
Pra que tanto canhão
Uma tropa de dragão
Qualquer coisa você traça, faz isso não
Ricardão que situação
De vez em quando é bom
Esquecer o desespero, e usar a mão
Tarado Ricardão, oh tarado, sai dessa meu irmão

Oh tarado Ricardão, vou te chamar a atenção, cuidado
safadão
Você cisca todo dia, corre atrás da sua vizinha, arruma
nada não
Já traçou a vila inteira, só as encalhadas é um animal
Cada bucho que aparece pra você é uma princesa, não me
leve a mal
Pra que tanta monstrenga
Você iludiu
Qualquer coisa sai andando, não quer casar
Se você não gosta dela
Diga logo a verdade
Você é uma baleia, dá licença amizade

Tarado Ricardão, oh tarado, metido a garanhão
Tarado Ricardão, oh tarado só pega bagulhão

Oh tarado Ricardão, vou te chamar a atenção, manera
meu irmão
Cê queria a minha tia, mas a velha tá caída, não vai nessa
não
Já traçou a vila inteira, bagulhos incríveis, você é um animal
Continua desse jeito, galinhando todo o dia, cê vai ver no final
Hei sossega o rabo
E um casamento é
A saída, Ricardão, seu
cara nojento
Oh tarado Ricardão
Ouve aqui o meu conselho
Numa mão a camisinha
na outra o dinheiro

O linchamento[7]

Você precisa ver o que eu tenho aqui dentro
eu vou mostrar prá você
Meu bilau é mais maior que o de um jumento!

---

7. Cabe lembrar que esta música era cantada por um dos locutores da emissora, imitando o sotaque nordestino.

Parece o dedão do ET!...
Meu instrumento é um monumento que alegra a nação
Instrumento corretivo satisfaz os mulherão!
(Lindão! Algatão! Teobaldão!)
Sempre as gostosa da rádio querendo me beijar!
Patrícia. Alessandra. Valéria. Emiliana.
Sandra. Regina e Tatiana!
Sou fedorento! Eu sou nojento!
Mas as mulé num consegue me largar!
No quarto ou no porão ou na sala de jantar!
Se tiver usando saia é mais fácil começar!
Tracei mais mocinhas que o Maurício Mattar
Até que me enrosquei com a mulher do Waldemar!
E o ciumento era violento chamou uns bandidão pra me fuzilar
50 mil capangas preparados para atirar
Até que o corno manso mandou todos: Atirar!!!
Você precisa ver como que foi o linchamento
Eu vou falar prá você
Quem mandou eu se meter num casamento
Eu nunca vou me esquecer
(Breque)
Espancamento! Estrangulamento!
Eu não parava de apanhar!
Porrada, chute coice, tapa, soco, pontapé
Levei tanto cacete — por causa — duma muié
Tomei facada rapaiz, tiro de bazuca rapaiz
Num sei, será que eu vou morrer rapaiz?

Na realidade, os autores dessas versões se equivocaram ao chamar de paródias as suas composições. Pois, no caso dessas duas letras apresentadas, os compositores preocuparam-se única e exclusivamente em arranjar as palavras dentro de uma estrutura rítmica e sonora conhecida e veiculada exaustivamente pela mídia. O sucesso das versões está no reconhecimento da melodia pelos ouvintes. Portanto esse trabalho nada tinha de artístico, já que ele se constituiu parafraseando o original.

Ter em mente a diferença entre estas duas formas de reconstrução e discuti-las com os alunos é muito importante.

Enquanto a paráfrase existe como um canal para confirmar o discurso que não é o do autor (neste caso, o discurso dominante, reforçando estereótipos e preconceitos), a paródia busca identificar uma fala recalcada, aquela voz social ou individual reprimida e que é preciso desentranhar para que se conheça o outro lado da verdade.

Segundo Sant'ana (1991, p. 29), a ideologia tende sempre a falar do mesmo e do *idêntico*, a repetir suas afirmações tautologicamente diante de um espelho. Por isto é que, assumindo uma atitude contraideológica, na faixa do contraestilo, a paródia foge ao jogo de espelhos denunciando o próprio jogo e colocando as coisas fora de seu lugar "certo". Já a paráfrase é um discurso sem voz, pois quem está falando está falando o que o outro já disse. É uma máscara que se identifica totalmente com o jogo atrás de si.

O autor complementa dizendo que o reforço dos paradigmas pela repetição é muito usado no aprendizado de idiomas. Só depois de compreender as construções paradigmáticas é que o estudante terá condições de raciocinar sintagmaticamente, até que se estabeleça uma relação dialética em que paradigma e sintagma se tornam mesclados. A maturidade de um sistema se revela quando o autor, atingindo a paródia, liberta-se do código e do sistema, estabelecendo novos padrões de relação das unidades.

É provável que a produção das emissoras não tenha a preocupação explícita de reforçar ou contrapor uma ideologia. Seu compromisso é assumido com o entretenimento e nada mais. Talvez seja por isso que preferem apostar em fórmulas de sucesso conhecidas.

Outra atração comum às duas emissoras eram os esquetes inseridos na programação, sem respeitar horário fixo. Na Jovem Pan 2, destacava-se o *Momento de Curtura*, um espaço ocupado por um professor fictício que respondia as dúvidas de língua inglesa, enviadas por ouvintes também fictícios. Esse professor afirmava, por exemplo, que a palavra *begin* significa *umbigo*, dando uma frase como exemplo: *"Ela gosta muito de limpar o begin com o dedo"*. Com o mesmo formato, tínhamos na Transamérica o *Assim disse o Nário*, que se propunha a explicar a origem de algumas palavras. Por exemplo, *Jacarepaguá*, segundo o programa, era um lugar onde havia muitos jacarés e que alguém precisava espantá-los, dizendo: "*Jacaré, p'á água; jacaré, p'á água*"...

Os dois programas eram exemplos de antisserviço, pois confundiam os ouvintes e reforçavam a ideia de que, na falta de uma explicação coerente, qualquer absurdo valia. Mas as rádios se defendiam dizendo que tudo não passava de uma brincadeira, reconhecida e apreciada pelos jovens.

Rádio Cidade

A Rádio Cidade se diferenciava das demais. Embora disputasse a audiência do mesmo público que a Jovem Pan 2 e a Transamérica, sua programação era muito parecida com a das rádios AM. Nesses programas, as músicas eram normalmente pedidas pelos ouvintes, seja para compor o *ranking* das mais ouvidas, seja para oferecer a pessoas, homenagear parentes, comemorar aniversários etc. Outros serviços como informações sobre o trânsito, horóscopo e dicas também compõem o corpo do programa.

Ao contrário do que acontecia em *Pânico*, os ouvintes do *Alô Cidade* eram muito bem atendidos. O diálogo com o apresentador era personalizado: os ouvintes eram identificados pelo nome, perguntava-se a idade, se era casado, noivo, se tinha namorado, bairro onde morava, qual a sua ocupação, o que está fazendo naquele momento etc. Essa participação também era usada para testar o índice de audiência pela emissora. Sendo estimulada, inclusive, por carta, podia ser tabulada e utilizada para traçar o perfil do ouvinte, com grande margem de acerto.

O efeito desse contato é o estabelecimento de uma relação intimista e afetiva entre o locutor e o ouvinte. Por meio de uma linguagem coloquial e emotiva, o comunicador se apresenta como amigo. Isso lhe permite produzir um discurso comercial, moral, estético, afetivo, passando de um para o outro sem dificuldade.

A estrutura do programa evocava um certo ar nostálgico, assemelhando-se aos programas de emissoras do interior, com seus pedidos e oferecimentos, seus concursos e prêmios. Finalmente, as músicas transmitidas eram quase exclusivamente nacionais, sendo pagode o estilo mais pedido. Sucessos populares do momento, como Fábio Jr. e José Augusto, tinha espaço garantido.

Programas não musicais

Embora seja o segundo mais ouvido pelos estudantes, o futebol estava bem distante dos programas musicais, sendo que a maior audiência se concentra entre os mais jovens; um dos motivos talvez seja o fato de que as crianças menores de 10 anos geralmente ouvem os programas que os pais, irmãos maiores, ou outras pessoas escolhem. Motivo que também explicaria ser da 3ª série o maior índice de audiência de noticiários, programas réligiosos e entrevistas — gêneros mais adequados ao público adulto.

Outro fator importante para a pouca adesão dos jovens aos estilos de programas ditos "mais sérios" (entrevistas e noticiários), provavelmente esteja na ausência desses na programação das emissoras preferidas pelos alunos. Com exceção da Rádio Transamérica que, eventualmente, entrevistava algum músico ou intérprete famoso, esse estilo não apareceu. Quanto aos noticiários, obrigatórios segundo as leis, eram elaborados em forma de *clip*,[8] trazendo, na maioria das vezes, somente as manchetes dos jornais, sem nenhum comentário ou aprofundamento da matéria pelo apresentador.

O grande companheiro

Uma das vantagens do rádio sobre os outros veículos de comunicação é o fato de permitir que o ouvinte realize outras atividades simultaneamente. O número de alunos que executava

8. *Clip* é um resumo elaborado a partir das principais notícias publicadas em jornais, revistas e outros meios de comunicação.

as tarefas diárias enquanto ouvia rádio aumentou da 3ª para a 8ª série, chegando a atingir 66,67%. Os serviços domésticos ocupavam o primeiro lugar entre as atividades indicadas pelos alunos. Porém, ler, escrever e fazer lições também alcançaram índices significativos. Vejamos os percentuais:

Tabela IV. Atividades que os alunos realizam enquanto ouvem a programação (%)

	3ª	5ª	8ª
Serviços domésticos	18,40	30,57	27,45
Fazer lições	9,43	9,66	16,81
Ler	2,12	3,45	5,88
Escrever	3,54	2,53	6,16
Dançar	15,09	9,66	5,88
Comer	3,54	6,44	3,92
Conversar	0,24	0,92	1,68

É interessante observar que, na maioria dos itens, há um aumento da 3ª para a 8ª série, excetuando-se "dançar" e "comer". No item "comer" observamos uma pequena ondulação nas séries, que atinge o pico na 5ª série. Já no item "dançar" há uma significativa diminuição dessa prática no decorrer das séries. Talvez isso se deva à perda da espontaneidade em relação à música. Conforme o aluno vai avançando na vida escolar, sua socialização também vai, progressivamente, alargando-se e, consequentemente, sua preocupação com a imagem que transmite ao outro (colegas de classe, amigos, família).

Fonte de inspiração

Com uma audiência tão maciça assim, que, exceto com relação aos mais novos, supera a da televisão em horas diárias, foi perguntado aos alunos de onde eles retiram as ideias para escrever seus textos. Foi dada a eles a opção de assinalar os três itens que considerassem mais importantes, e o resultado foi o seguinte:

Tabela V. De onde os alunos retiram inspiração para escrever textos (%)

	3ª	5ª	8ª
Rádio	0,94	3,22	15,69
Televisão	46,93	34,48	38,10
Vídeo	0,47	0	0,84
Revista	27,36	35,63	17,37
Jornais	30,19	37,01	31,65
Livro	76,42	71,03	57,14
Biblioteca	0	1,61	2,52
Pais	2,36	3,68	2,80
Professores	64,62	50,57	35,57
Parentes/amigos	2,12	8,28	9,24
Outros	1,18	12,18	8,40

Esta questão indicou que o professor e o livro continuavam tendo forte presença naqueles temas considerados específicos da escola. Escrever textos, por exemplo, diz respeito a um ritual vinculado a uma ordem que parece nascer e morrer no interior da sala de aula. É verdade, também, que na passagem da 3ª para a 8ª série existiu uma queda acentuada nas referências ao livro, que passou de 76,42% para 57,14%, e aos professores, de 64,62% para 35,57%. Ao contrário do que acontecia com o item rádio, que ia de 0,94% para 15,69%.

No entanto, é necessário considerar que os outros veículos de comunicação de massa (televisão, jornais, revistas) também caíram na passagem da 3ª para a 8ª série. Isso parece confirmar a ideia de que nos assuntos considerados estritamente escolares, como produzir um texto, aqueles veículos ficaram obscurecidos. Isto é, não pertencendo ao universo educacional, os veículos se tornaram objetos de entretenimento; logo, foram pouco referidos quando se tratava de um tópico mais sério, cujo universo continuava sendo a sala de aula.

CONCLUSÃO

Como vimos, era grande o número de pessoas que ouviam até duas horas de programação radiofônica por dia. Em alguns casos, as donas de casa, por exemplo, estendiam esta audiência ao longo de todo o dia. Com relação aos alunos pesquisados, com exceção da 8ª série, a maioria se enquadrou na categoria de até duas horas. Na 8ª série, os alunos indicaram ouvir mais de quatro horas de rádio diariamente. Isso apontou para a possibilidade de que eles o faziam no local em que trabalhavam ou outros. Na 3ª e na 5ª séries a distribuição das percentagens entre os itens é mais homogênea.

É seguro afirmar, portanto, que os alunos das escolas pesquisadas, os quais estudavam, em média quatro horas por dia, dedicavam pelo menos um período equivalente a 50% deste à audiência de programas radiofônicos. E isso, muitas vezes relacionando essa audiência a atividades pertencentes ao cotidiano escolar, como ler, escrever, fazer lições. Alguns relataram, inclusive, retirar do rádio ideias para produzir textos para a escola.

No entanto, os professores não reconheciam essa relação que o aluno estabelecia entre o veículo e as atividades escolares. Somente uma referência apareceu nos diários de campo dos pesquisadores sobre o tema. Quando uma professora da 5ª série pediu à turma que pesquisasse nos meios de comunicação algo para a aula de Português. No dia seguinte, alguns alunos informaram que ouviram na Rádio Jovem Pan que aquele era o "Dia Nacional da Poesia", porque nele se comemorava o aniversário de Castro Alves. Após o relato dos estudantes, a professora retomou a aula sem se aprofundar na questão.

É possível que o conteúdo daquela aula não deixasse espaço para uma discussão sobre os meios de comunicação e as mensagens. Porém, o professor poderá encontrar no planejamento um espaço adequado para essa abordagem. A pesquisa demonstrou, além do número de horas que os alunos dedicavam a consumir a produção dos MCM, o tipo de programação que eles assistiam; no caso do rádio, musicais e esportes, futebol na maioria.

Uma breve análise da programação das três rádios mais ouvidas demonstrou o tipo de linguagem que seduzia as crianças e, principalmente, os adolescentes: era a locução descontraída, alegre e irreverente que conquistava a garotada; as músicas, quase sempre estrangeiras, com exceção da Rádio Cidade que tocava música romântica e pagode. No entanto, como observamos na transcrição das pseudoparódias apresentadas pelas duas emissoras mais ouvidas, os conceitos transmitidos pelas músicas influiam decisivamente na formação dos jovens. Ancorados na tríade humor, sexo e violência, os autores confirmaram uma gama enorme de preconceitos e estereótipos, que iam da ridicularização do nordestino, passando pela discriminação da mulher e do homem, fazendo a apologia do macho, aquele que dá conta do recado.

Não cabe à escola, evidentemente, direcionar gostos ou desaconselhar a audição de uma ou outra emissora. Contudo, ela pode reservar para si o papel de, em ações didático-pedagógicas realizadas de preferência interdisciplinarmente, aproveitar as sugestões oferecidas pelos programas de rádio para discuti-los em sua natureza constitutiva. Isto é, recolher tanto a variedade temática que circula nas transmissões radiofônicas quanto os procedimentos técnicos que seduzem tão completamente os alunos nessa faixa etária.

Bibliografia

ALBERT, Pierre; TUDESQ, A. J. *História da rádio e televisão.* Lisboa: Editorial Notícias, 1981.

BONTEMPI, Eliane da Silva Ramalho. Prática radiofônica popular. In: SOARES, Ismar (coord.). *Como organizar a pastoral da comunicação.* São Paulo: UCBC/Sepac/Paulinas, 1989.

BURGOS, Carlos Crespo. Os novos usos do rádio — o cultural e o educativo postos em questão. In: SOARES, Ismar; MOTTA, João Manuel. *A comunicação na construção da paz.* São Paulo: UCBC/Paulinas, 1987.

CASTILHO, Daniel Pietro; ROSARIO, A. *Análisis y producción de mensajes radiofónicos*. Quito: Ciespal, 1990.

CORAZZA, Helena. *Leitura crítica do rádio*. Trabalho de Conclusão de Curso de graduação em Comunicação Social (Jornalismo), apresentado à Faculdade Instituto Hélio Alonso, 1990.

FERNANDES, Francisco A. M. O rádio como veículo de propaganda. In: FERNANDES, Francisco A. M.; DIDONE, Maria. *A propaganda na mídia eletrônica do Sudeste*. São Paulo: O Recado, 1994.

______; BARROS, Laan Mendes de. *Comunicação e solidariedade*. São Paulo: UCBC/Loyola, 1992.

LOBATO, Elvira. Raio X das telecomunicações. *Comunicação e Educação*. Revista do Curso de Gestão de Processos Comunicacionais, n. 3, CCA — ECA/USP, São Paulo: Moderna, 1995.

LOPES, Maria Imacolatta V. *A rádio dos pobres* — Comunicação de massa, ideologia e marginalidade social. São Paulo: Loyola, 1988.

SANT'ANA, Affonso Romano de. *Paródia, paráfrase e cia*. São Paulo: Ática, 1991.

SCAVONE, Mirian. As mãos que fazem a cidade dançar. Revista *Veja*. São Paulo, n. 28, encarte especial, 4/1/1995.

V

Super-Homem, Mônica & Cia.

*Kazuko Kojima Higuchi**

INTRODUÇÃO

Comumente nos deparamos com revistas em quadrinhos como as do Super-Homem ou as da Turma da Mônica e não lhes damos grande importância. Incorporadas no cotidiano, geralmente não refletimos sobre elas como produto de nossa cultura, sua complexidade e suas implicações sociais e ideológicas. Este objeto de lazer — a HQ (História em Quadrinhos), porém, vem gradativamente participando de atividades escolares notadamente nas aulas de Educação Artística, História, Geografia e Português, sendo que nesta última disciplina integra-se às atividades de leitura e produção de texto. A HQ está presente até mesmo em vestibulares conceituados como os da UNICAMP e os da FUVEST.

Este ensaio foi elaborado como uma contribuição aos educadores que utilizam ou pretendem utilizar as HQs como um recurso didático.

ORIGEM DA HQ

O aporte visual para registro de uma história remonta ao homem das cavernas. As figuras egípcias, os murais fenícios,

* Mestre em Teoria Literária e Literatura Comparada — FFLCH-USP.

as pinturas renascentistas, até o grafite mais moderno vão registrando iconicamente toda a história da humanidade, compondo uma vasta história em quadrinhos. *Entretanto, se considerarmos a HQ em um sentido mais restrito, como a história em quadrinhos sequenciais, constituindo um meio de comunicação em massa por sua reprodução em quantidade, esta só surge no século XIX.*

José Alberto Lovetro, quadrinista conhecido por JAL, registra o aparecimento da primeira história em quadrinhos no Brasil, em 1869, com Angelo Agostini e a criação do personagem Nhô Quim em viagem de Minas Gerais à "Corte", no Rio de Janeiro (Lovetro, 1993, p. 69-70).

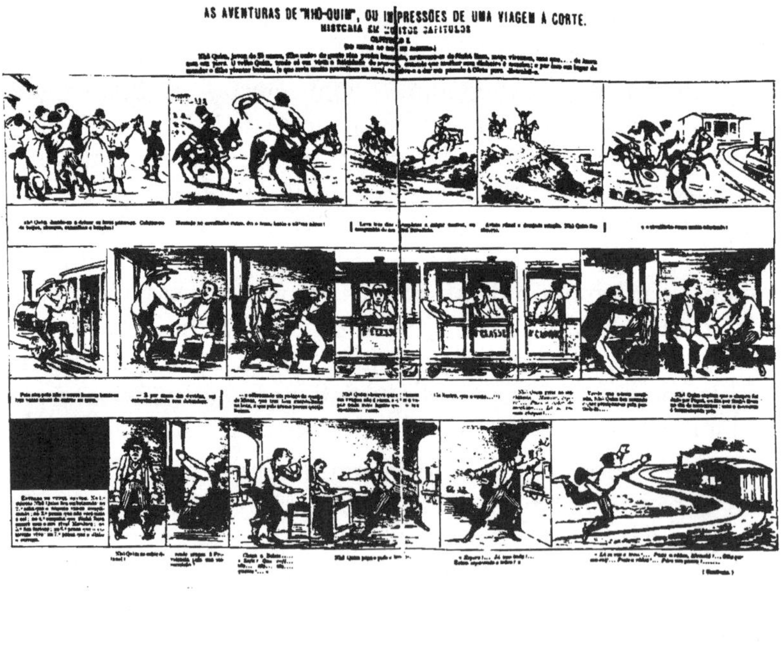

O marco mais aceito é a data de 1896, com o americano Richard Outcault e seu "Yellow Kid" — o Garoto Amarelo —, segundo Paulo Hamasaki, um menino pobre, dos *slums* (favelas) de Nova York, aparecendo em uma publicação dominical do jornal *New York Sunday World*, nos Estados Unidos (Hamasaki,

1969, p. 588-9). Este personagem apresentava textos escritos em sua roupa, geralmente crítica política. A integração do texto e imagem em uma unidade gráfica e divulgação em veículo de comunicação são características que irão marcar as futuras produções das histórias em quadrinhos.

Nos Estados Unidos, as histórias, publicadas em tiras de jornais e denominadas *comic strips* (tiras cômicas) dado seu caráter humorístico, conservam este nome ou variações como *comics*, *comix*, ou *funnies* (engraçados) nos países de língua inglesa. Na França são *bandes dessinées* (tiras desenhadas). Na Itália, *fumetti* (de fumacinhas ou balões que indicam a fala das personagens). Na Espanha, *tebeo*, de TBO — nome de uma revista infantil; na América espanhola, *historieta*; em Portugal, *história aos quadradinhos*. No Brasil, *história em quadrinhos* ou *gibi* (que significa "moleque"), nome de uma revista da Editora Globo, publicada nas décadas de 1930 e 1940, que passou a denominar, genericamente, todas as revistas de quadrinhos.

Os sindicatos

Na história da HQ, as agências distribuidoras — os *syndicates* — tiveram e têm ainda papel de destaque. São elas que distribuem as histórias para o mundo todo e controlam sua produção. Elas contratam os desenhistas e seu esquema de distribuição permite a venda de tiras por um preço muito baixo, impossibilitando a sobrevivência de quadrinistas que estejam fora do esquema. Henfil com os seus "fradins", teve seu contrato rapidamente cancelado no exterior porque seu humor feroz não agradou àquele público. Para conseguir este contrato Henfil participou de um concurso muito disputado, o que não garantiu, contudo, a continuidade das histórias do irreverente fradinho. Tal fato mostra-nos que existem aspectos mercadológicos pressionando fortemente muitos artistas.

Mauricio de Sousa, na revista *Vozes* (1969, p. 608), dá seu depoimento acerca das dificuldades encontradas pelo artista brasileiro.

> "O material americano foi até hoje o responsável pelo não aparecimento de desenhistas nacionais. Digo, desenhistas nós tivemos vários, mas hoje estão se dedicando à publicidade ou foram para os Estados Unidos. É a velha lei da oferta e da procura. A estória estrangeira, não só a americana, mas também a inglesa e algumas francesas, chega aqui a preço de banana. A tira de jornal está custando apenas um dólar. Ora, enquanto isso qualquer desenhista profissionalmente bom vai sentar à prancheta e desenhar uma tira que custa em homem-hora duas ou três vezes mais. Fatalmente ele vai vender para um só jornal porque não temos distribuidoras nem sindicatos nos moldes dos sindicatos americanos. A única tentativa no Brasil é a nossa redistribuidora aqui na Mauricio de Sousa Produções.
> A venda de história em quadrinhos, para um jovem que começa, é difícil. Infelizmente, até eu estou concorrendo com os desenhistas brasileiros que estão surgindo por aí. Preciso vender minhas histórias pelo preço das histórias americanas, senão não coloco a produção do estúdio...
> Quando houver mais equipes e mais condições provavelmente vai haver mais desenhistas de história em quadrinhos no Brasil e alguns excelentes estão no forno para sair."

A fim de garantir uma produção nacional, foi assinado, em 1963, um Decreto, o de n. 52.494, que regulamentava uma porcentagem obrigatória e progressiva de quadrinhos brasileiros nos jornais e revistas. Empresas que se sentiram prejudicadas recorreram à justiça e, após algum tempo, conseguiram que este decreto fosse arquivado. Os artistas de HQ esbarram até hoje no fator econômico para divulgar suas obras.

HQ e a afirmação do nacionalismo

A preocupação com o nacionalismo já presente nas obras românticas do século XIX e mais exacerbada nos escritores modernistas, notadamente nos da Semana de Arte Moderna, manifesta-se também na produção das HQs. Ziraldo com *Pererê e sua turma* procura criar uma obra com temática nossa, oferecendo uma alternativa para o público que só conhecia as revistas americanas.

Moacy Cirne, em seu livro *A linguagem dos quadrinhos* (1971, p. 31-32), afirma que "Pererê será, no campo dos quadrinhos, um reflexo marcante dessa fase (1960 a 1964), quer seja como um produto artístico de grande eficácia estrutural, quer seja como um produto ideológico que pensa esta artisticidade ao nível da problemática levantada pelos questionamentos metacríticos de uma dada realidade social", e reproduz um depoimento do próprio Ziraldo, de 1969.

> "A revista daria mais trabalho do que suas concorrentes estrangeiras (Luluzinha, Bolinha etc.) que já vinham dos Estados Unidos com os filmes de cor já prontos, só faltando tradução e as letrinhas de João Barbosa. O *Pererê* iria exigir um volume de produção bem maior, muito mais trabalho, muito mais gente, arte-finalistas, fotógrafos, selecionadores de cor, gravadores etc. Mas os anos sessenta começavam no Brasil com uma grande euforia nacional, todo mundo entusiasmado com a ideia de fazer deste país uma grande nação, com cultura própria, pensamento próprio. Essa ideia era animadora e contagiante e de certa forma atingia a todos. A verdade é que, apesar de todas as dificuldades, todo mundo entrou com o maior ânimo da história. Inclusive Carlos Estêvão e Péricles também foram convidados para criar suas revistas, bem brasileiras, uma grande iniciativa da empresa O Cruzeiro, no sentido de valorizar nossas coisas."

Waldomiro de Castro Santos Vergueiro, em "Histórias em quadrinhos e identidade nacional. O caso Pererê" (1990, p. 23), coloca mais cor neste período repleto de desejo de nacionalidade.

> "O país vivia, então, um momento bastante significativo de sua história, quando um presidente — também ele mineiro —, portador de ideias para a modernização do parque industrial brasileiro, abriu o país ao capital internacional, possibilitando, entre outras coisas, a instalação da indústria automobilística no Brasil. Ao mesmo tempo, no Planalto Central, ultimavam-se os preparativos para a inauguração da nova capital do país, uma metrópole com linhas arrojadas e estrutura modernista. Vivia-se o início de uma época fervilhante de novas ideias e esperanças de que o país iria modificar-se para melhor, iria tornar-se mais brasileiro. Era o que se via no

cinema, no teatro, na música, na dança, em todas as manifestações artísticas."

Neste contexto, surge *Pererê* de Ziraldo, continua Waldomiro,

> "fundamentado na junção do saci folclórico com o de Lobato, marcado, tal como o deste último, por uma busca de soluções dentro do universo infantil. Do folclórico, ele irá aproveitar a carapuça vermelha, o redemoinho de vento com o qual se locomove de um lugar para o outro, o cachimbo de pau; do de Lobato terá a sensibilidade poética e o espírito zombeteiro".

Outros personagens participam das aventuras de Pererê:

> "Tininim (índio natural da Amazônia), Allan (macaquinho extremamente nacionalista), Galileu (uma onça de bom coração), Pedro Vieira (um tatu), Moacir (um jaboti), Geraldinho (um coelho), Professor Nogueira (uma coruja), Boneca de Piche (uma negrinha típica, título de uma marcha carnavalesca), Tuiuiú (uma indiazinha cujo nome foi retirado de uma ave do pantanal matogrossense) e muitos outros, sempre buscando uma identificação com a realidade nacional. Neste sentido, o *Pererê* distingue-se das outras produções pela busca consciente de motivos plenamente brasileiros e, portanto, uma tomada de posição do artista perante uma realidade. A escolha de animais existentes em matas do Brasil (onça, coelho, tatu, macaco, jabuti e outros), assim como o brasileiro puro (o índio), ou típico (o caipira) e o mito (o saci) é uma busca das raízes nacionais. Aos super-heróis tenta-se contrapor os "produtos" autenticamente brasileiros, cujas situações de conflito ocorrem na Mata do Fundão, que apenas poderia situar-se em alguma região brasileira e nunca na Califórnia, na Flórida, na Inglaterra, na Escócia ou na França. É, também ela, uma mata autenticamente brasileira. Mineira".

Mauricio de Sousa (1969, p. 604-5), com uma visão diferente da de Ziraldo, pelo menos no início de sua carreira, testemunha que:

> "No começo foi duro. Tínhamos de escrever a história de madrugada, desenhar de manhã e vender de tarde. Além disso quebrar o tabu da história em quadrinhos brasileira. Os jornais,

os diretores de jornais, não acreditavam que o público aceitasse as histórias brasileiras. Não acreditavam também que os desenhistas brasileiros aguentassem manter a história no jornal. Em alguns lugares onde eu não me identificava, o pessoal dizia que só aceitava história americana. Foi um dos motivos por que nossas primeiras histórias não eram tipicamente brasileiras. Eram assim meio universais. Não havia nelas ambiente brasileiro, não havia detalhes que as identificassem como uma produção brasileira. O pessoal estava digerindo material americano há mais de 30 anos, acostumado de tal forma, que não aceitava material diferente".

Personagens como Chico Bento e Pelezinho só surgiriam mais tarde "para satisfazer as exigências diretas do público brasileiro" (Vergueiro, 1990). Chico Bento, atualmente, disputa com Mônica a preferência dos leitores.

CIRCULAÇÃO DE HQ NO BRASIL

Os clássicos

Antônio Luiz Cagnin, em seu livro *Os quadrinhos* (1975, p. 223-4), arrola os denominados clássicos da HQ, produzidos nas décadas de 1930-40. Dentre eles, muitos tiveram grande aceitação pelo público brasileiro como:

- *Tarzã, o homem das selvas*, de Edgar Rice Borroughs, desenhado por Harold Foster, 1929.
- *Dick Tracy, o policial*, de Chester Gould, 1931.

Em 1933, o desenhista Alex Raymond apresenta:

- *Flash Gordon no planeta Mongo.*
- *X-9, o detetive.*
- *Jim das selvas.*
- *Mandrake*, o mágico, com texto de Lee Falk e desenhos de Phil Davis, 1934.
- *Brucutu*, de V. T. Hamlim, 1934.

- *O fantasma*, com texto de Lee Falk e desenho de Ray Moore, 1936.
- *O príncipe valente*, de Harold Foster, 1937.
- *Super-Homem*, texto de Jerry Siegel, desenhos de Joe Shuster, 1938.
- *Batman*, de Bob Kane, 1939.

Após a entrada destas HQs americanas, tivemos também a influência das histórias italianas — as fotonovelas. Eram fotos sequenciais seguindo, em geral, os moldes das HQs. A diferença estabelecida era o tipo de imagem, não mais desenhada, constituindo um "produto" de comunicação intermediária entre HQ e telenovela, ou precursora desta. *Capricho* e *Grande Hotel* eram revistas que chegavam semanalmente às bancas de jornais e muito lidas. Os galãs italianos tornavam-se ídolos das jovens leitoras, à semelhança dos atores de telenovela, nos tempos atuais.

O que circula

Atualmente, há uma grande diversidade de produções. *Asterix* e *Tintin* são editados na França e, posteriormente, reeditados em mais de 20 países, inclusive no Brasil.

Asterix

Asterix, personagem-título, vive numa pequena aldeia da Gália, na época de ouro do Império Romano. Suas peripécias envolvem sempre o confronto com as autoridades estabelecidas e faz humor ligeiro com os costumes da época, muitas vezes colocando elementos da atualidade. Segundo o professor Pierre Rivas, este personagem surgiu na França como manifestação do sentimento de nacionalismo, à época do presidente Charles de Gaulle, frente à força imperialista norte-americana.

Os desenhos desta história em quadrinhos são de Uderzo, com texto de Goscinny.

Tintin

As aventuras de Tintin é uma obra do belga Hergé, falecido há alguns anos, considerado o "Walt Disney europeu". Seu

trabalho é minuciosamente detalhado; ao narrar as aventuras de Tintin pelo mundo, ele caracterizava muito bem as regiões utilizando-se de um fichamento histórico, geográfico, dos hábitos e dos costumes. Na elaboração de um álbum ele levava cerca de um ano, arduamente trabalhado.

Akira

O Japão tem, de longa data, uma grande produção de mangás como são chamadas as histórias em quadrinhos. No Brasil, o público leitor era quase exclusivamente de origem nipônica, que as lia na versão original. Em 1990, provavelmente com a ampliação do mercado editorial, chega ao Brasil a obra de Katsuhiro Otomo com o primeiro número da revista *Akira*, já traduzida em português. O sucesso de venda, que garantiu sua publicação regular por quase três anos, deve-se não só à temática ligada a um mundo pós-guerra, mas à qualidade dos desenhos e principalmente à velocidade que o roteiro e o desenho imprimem à narrativa. O interesse do público jovem pelos mangás e animés japoneses aumentou muito atualmente; fato que explica a presença de vários títulos dessas publicações nas bancas de jornais.

Os Estados Unidos lideram a produção de histórias em quadrinhos para adolescente-adulto. Existem numerosos títulos, divididos entre duas grandes editoras: a DC e a Marvel. Do universo Marvel podem ser destacados títulos como: *Homem-Aranha, X-Men, Hulk, Capitão América* e *Homem de Ferro*. A editora DC é responsável pela publicação de *Batman, Super-Homem, Aquaman* e *Mulher Maravilha*, entre outros.

Não cabe aqui arrolar todas as publicações existentes, pois esta não é nossa intenção. As obras acima foram citadas a título de exemplificação, dando uma amostragem dos diferentes países e continentes que participam da produção de HQ.

ESTRUTURA DA HQ

Houve nos Estados Unidos, na década de 1940, uma censura acirrada às HQs pela extrema direita, liderada pelo senador McCarthy. Muitas restrições foram feitas desde a utilização de palavrões e cenas de sexo até as questões práticas e ideológicas dadas como contrárias ao "espírito americano". As revistas só poderiam ser comercializadas se tivessem estampado um selo de liberação. Muitas campanhas foram feitas contra as HQs, responsabilizando-as pela delinquência juvenil. Este movimento teve adesão no Brasil e muitas pessoas passaram a condenar este tipo de leitura. Esta postura, todavia, se diluiu. Considerando a HQ uma manifestação cultural de nosso tempo, um passo importante para retirar sua carga mística é conhecê-la melhor.

O homem tem a capacidade de observar os diferentes sinais e interpretá-los.

De acordo com Cagnin (1975, p. 25-30),

> "Os sinais podem ser classificados em naturais (encontrados na natureza como uma nuvem escura que prenuncia chuva) e artificiais (feitos pelo homem). Os sinais naturais são chamados também de índices e os artificiais, de signos. Os signos possuem, principalmente, a função de comunicação social.
>
> *Os sinais artificiais podem ser figurativos, miméticos — são os ícones, e convencionais — os símbolos. Os ícones são imitativos e servem para reproduzir o real (desenho, pintura, escultura, gravações sonoras etc.); os símbolos não têm uma relação direta com o real, ou seja, estão baseados num acordo para ter determinado significado dentro da comunidade.*
>
> A HQ comunica uma mensagem narrativa através de dois canais: a imagem — mensagem icônica, e o texto — mensagem linguística. O relacionamento dessas duas mensagens constitui a mensagem global."

Muitas vezes um signo icônico pode se transformar em simbólico como uma lâmpada acesa que representa a descoberta de uma boa ideia.

O oposto também ocorre: as letras e os balões, signos simbólicos transformam-se em verdadeiros ícones; dependendo do traçado, pode revelar alegria, medo, ruídos. Geralmente o tamanho da letra tem relação direta com o volume da voz, diferenciando uma fala sussurrada, gritada ou normal.

Antônio Luiz Cagnin esclarece:

> "A relação signo linguístico / objeto é sempre indireta, pois não conserva nenhuma semelhança com o objeto representado (nem mesmo as onomatopeias). A sua forma física (sonora ou gráfica) é sempre convencional, geralmente imotivada.
> A imagem desenhada dos quadrinhos, pelo contrário, é um signo analógico e contínuo. É analógico porque tem relação de semelhança com o objeto representado, dando impressão de uma quase realidade; a sua forma física tem relação direta com o objeto, é motivada. A leitura em busca do significado não é unidirecional, em linha, como na escrita, ou em momentos sucessivos, como na fala, é contínua; a sua significação vem do todo, é próxima do modo de ver e entender as coisas reais, e forma, portanto, um inventário aberto, como o dos signos linguísticos, com exceção dos abstratos".

No desenho humorístico, segundo Francis Vanoye (1982), a comicidade resulta de uma ruptura com a ordem natural das coisas. O desenho pode reforçar a mensagem verbal (ou vice-versa) ou podem estar, ambos, desvinculados, dando um efeito humorístico.

Mensagem linguística

A mensagem linguística da história em quadrinhos compreende dois aspectos:

- o aspecto narrativo (descrição do quadro, da situação, das ações; marcador de tempo).
- o diálogo, geralmente dentro dos balões que incorporam o texto à imagem. O contorno do balão pode indicar fala ou pensamento, palavras gritadas ou sussurradas.

O leitor de HQ precisa conhecer as convenções peculiares: tamanho e espessura das letras, registro de onomatopeias, sequência de leitura dos diálogos e dos quadrinhos e demais símbolos utilizados.

Apresentação da mensagem icônica

As imagens das HQs podem ser classificadas, de forma muito genérica como realistas, estilizadas ou caricatas, dependendo do grau de distanciamento da realidade.

realista estilizada caricata

Nesta sequência,[1] observam-se três graus de distanciamento da realidade, baseados nas proporções faciais e tipo de traço. Entretanto, existem gradações mais sutis: realista-estilizada, estilizada-caricata, mais caricata do que estilizada etc. Há obras que fogem a esta classificação simplificada, pois ela não dá conta de todas as variedades de obras.

Os desenhos geralmente vêm delimitados por linhas retas formando os *quadros*, que constituem as unidades narrativas mínimas, de onde provém o termo história *em quadrinhos*. Essas linhas podem ser bem definidas, apresentando os acontecimentos como elementos da realidade ficcional, ou descontínuas, representando sonhos ou fatos presentificados pela memória.

Planos pictóricos

Cagnin destaca os diferentes enquadramentos possíveis, dependendo da distância entre o observador e a cena (1975, p. 89-93).

1. Desenhos de Rafael Kojima Higuchi especialmente criados para esta publicação.

a. *O plano em grande detalhe ou pormenores*: abrange parte do rosto de uma figura humana ou detalhe de um objeto. Constitui um dos tempos intensos da narrativa e permite entrar em contato com o herói pelo seu aspecto mais atraente ou repulsivo: o rosto.

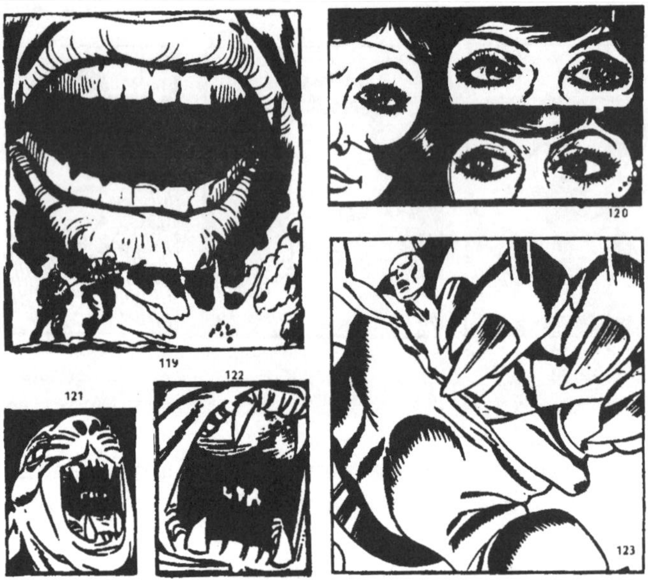

b. *O primeiro plano*: inclui a cabeça até os ombros.

c. *O plano médio ou aproximado*: contém uma figura, até o meio do peito ou até a cintura. É empregado para cenas de diálogos, e mostra a fisionomia detalhadamente para permitir a percepção das expressões faciais.

126

127

d. *O plano americano*: mostra a figura até os joelhos.

129

e. *O plano de conjunto*: abrange as figuras de corpo inteiro, porém sem mais espaços acima das cabeças ou abaixo dos pés. O cenário é mínimo.

f. *O plano geral ou panorâmico*: engloba não só as personagens como também o cenário; equivale à descrição do ambiente nos romances; sugere o discurso do tempo, a dificuldade e prolongamento de um empreendimento.

131

g. *O plano em perspectiva*: é o conjunto de diversos planos.

132

h. *O plano plongé*: focaliza a personagem de cima. Serve para dar a impressão de encurralamento ou esmagamento.

133

i. *O plano contre-plongé*: focaliza a personagem de baixo. Deste modo acha-se exaltada, engrandecida, maior e mais forte do que é na realidade.

134

No cinema percebemos com facilidade o movimento de aproximação, distanciamento e deslocamento que a câmera promove em relação ao cenário, objetos e personagens. Na HQ, a narrativa parece ter menos mobilidade, ou mobilidade bem mais lenta e nem sempre a percebemos. Treinando o olhar, podemos perceber a riqueza de possibilidades no registro da ação e nas diferentes tomadas.

Analisando esta sequência, extraída de *Akira*, Capítulo 5, vemos que a primeira cena está em plano *plongé*, dando a sensação de esmagamento e, ao mesmo tempo, possibilita-nos perceber as sombras projetadas no chão, a direção da luz e o elemento mais iluminado, a distância que separa os dois homens, em posição de confronto. O balão da fala provoca a curiosidade do leitor por não conter uma fala e não estar associado a nenhuma das personagens; o ponto de exclamação aguça o estado emocional. Nos quadros seguintes uma faca aparece em detalhe; o homem da camisa estampada saca um revólver, a outra personagem faz um movimento, em consequência do qual a faca atinge sua perna, interrompendo o tiro. Tudo isto acontece em fração de segundo, o tempo que o paletó, já em queda no Quadro 1, leva para chegar ao chão, como aparece no último quadro, à esquerda. Com toda a velocidade de ação, no entanto, não perdemos os detalhes, graças aos diferentes planos. As cenas são mudas, não sabemos por que lutam e o que pensam, percebemos que elas estão carregadas de tensão pelas expressões faciais e pelos pontos de exclamação; o silêncio é quebrado pelos sons do combate.

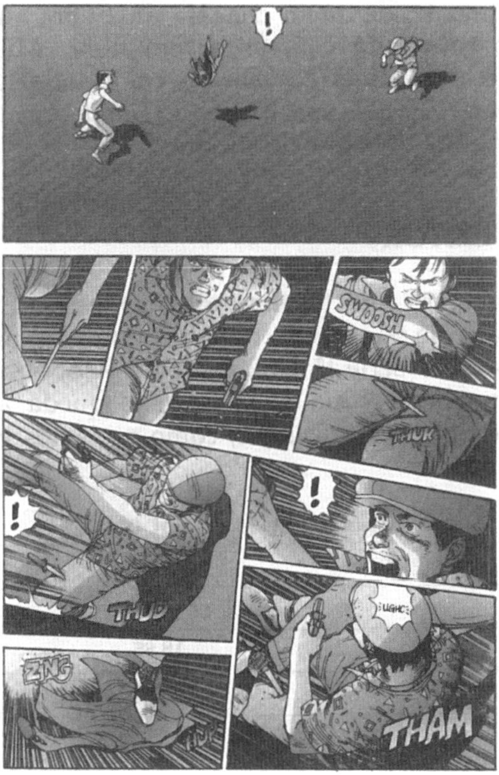

As HQs infantis apresentam uma estrutura mais simples facilitando sua leitura. O ritmo é mais lento; não há grande variação de planos (planos médio e de conjunto são os mais utilizados, o panorâmico aparece menos); os quadros têm tamanho e distribuição regulares, numa sequência convencional: de cima para baixo, da esquerda para a direita.

Por suas características estruturais a HQ interliga-se com outras artes como a pintura, o cinema, a televisão e a literatura, em uma relação dinâmica. São inúmeros os exemplos em que a história passa do papel para as telas de cinema ou televisão, transformando-se em desenhos animados, como a maioria das HQs aqui citadas, ou em que, inversamente, os filmes e seus personagens vão parar nas bancas de jornais.

A HQ permite o voo livre da imaginação de quem lê e, principalmente, de quem cria. Há uma obra que Federico Fellini não conseguiu concretizar em filme. Milo Manara, com auxílio de Cettina Novelli no colorido, artisticamente transpôs para o papel sua *Viagem a Tulum*, em três partes, resultando num trabalho de mestres.

PÚBLICO LEITOR

Na pesquisa que realizamos nas escolas da região metropolitana de São Paulo, notamos que a grande maioria dos alunos da 3ª série[2] lia gibi, cerca de 90%, observando-se um pequeno decréscimo na 5ª série e queda abrupta na passagem da 5ª para a 8ª série, como podemos verificar na tabela seguinte:

Alunos que leem gibi (%)

Lê gibi?	**3ª**	**5ª**	**8ª**
Não	8,25	18,85	33,61
Sim	89,86	80,69	64,99

O aspecto lúdico do gibi (cor, diagramação, figura, argumento, jogos verbais etc.) parece ser de maior interesse dos alunos das séries iniciais. À medida que o aluno cresce em idade, ocorre uma redefinição quanto aos próprios textos a serem lidos, incorporando outros tipos de leituras como revistas e jornais.

2. Essa nomenclatura atualmente segue as determinações da Resolução nº 3, de 3 de agosto de 2005, publicado pelo Conselho Nacional de Educação da Câmara de Educação Básica. Segundo a resolução, as novas normas antecipam a obrigatoriedade de matrícula no Ensino Fundamental, dos 6 aos 10 anos (anos iniciais) e de 11 a 14 anos (anos finais). Assim, a 3ª série equivale, hoje, ao 4º ano do Ensino Fundamental.

Os mais lidos

No questionário que aplicamos a cerca de mil alunos, a indicação do gibi mais lido foi uma questão aberta. Para efeito de tabulação foi feita uma divisão em infanto-juvenil e adolescente-adulto, dependendo da temática.

Em relação às revistas destinadas ao público infantojuvenil, as indicações orientaram o agrupamento em três blocos: Turma da Mônica, Walt Disney e outros.

Notou-se uma acentuada preferência pelos gibis nacionais e particularmente pela Turma da Mônica.

Gibis mais lidos (%)

Qual?	3ª	5ª	8ª
Turma da Mônica	75,71	73,79	52,94
Walt Disney	11,32	6,90	4,48
Outros	11,79	9,43	8,68

Esta preferência suplantando as histórias dos estúdios Disney pode estar ligada à temática mais próxima do leitor, às estruturas narrativas mais breves, número menor de personagens, ambientação menos complexa, cenário com menos detalhes e textos verbais mais curtos. Além destas características internas da obra, há todo um esquema mercadológico ligado à marca Mauricio de Sousa vendendo uma linha de produtos que compreende: desenhos animados, shows, parque de diversões, xampus, sabonetes, salsichas etc., disputando o mercado consumidor. Talvez Mauricio de Sousa seja um dos poucos quadrinistas brasileiros, se não o único, que tenha conseguido, em função também das estratégias empresariais, manter um público regular no Brasil e lançar seus trabalhos no exterior.

O item Outros demonstra que houve alteração no mercado das HQs, ou seja, de uma situação de domínio quase total, durante praticamente meio século no Brasil, dos personagens Pato Donald, Patinhas e Mickey; hoje, o estúdio Disney enfrenta forte concorrência. Existem HQs que surgem para ampliar um mercado baseado em um público consumidor consolidado, geralmente histórias cujos personagens são cantores ou artistas de televisão (Xuxa, Trapalhões, Sérgio Malandro etc.). No caso da 8ª série,[3] é possível que a leitura dos gibis deixe, neste caso, de seguir os padrões mais industriais adotados por Mauricio de Sousa e Disney e passe a outros tipos de HQ, tornando-se mais seletiva.

Em relação à leitura de revistas vinculadas a uma temática adolescente-adulta, verificou-se uma nítida preferência pelos gibis americanos, do universo Marvel e DC, que são ofertados nas bancas de jornais com grande variedade de títulos, a preços bem acessíveis. As HQs japonesas e europeias tiveram porcentagem mínima de indicação.

As produções brasileiras de artistas como Fernando Gonzales (*Níquel Náusea*), Laerte (*Piratas do Tietê*) e Angeli (*Chiclete com Banana*) — nomes bastante destacados no cenário nacional — não foram citados. A dificuldade de aceitação pelo público leitor deve-se provavelmente à ausência de uma tiragem regular e sistema mais ousado de divulgação; ou, como diria Laerte no seu Informativo Editorial, pregado na parede da Faculdade de Letras-USP, devido a "oscilações da economia, somadas a erros editoriais". O jornal ainda continua sendo o veículo de maior difusão destes desenhistas.

LITERATURA OU HQ NA SALA DE AULA?

Monteiro Lobato, Ziraldo e Mauricio de Sousa, usando linguagens diferentes, estimulam o imaginário de nossas crianças, resgatando histórias e lendas, colocando um novo sabor em nosso cotidiano.

A literatura vem, de longa data, sendo trabalhada pela escola. Houve uma tentativa de aproximação da literatura com a HQ quando surgiram as primeiras versões quadrinizadas dos clássicos da literatura; sem contar que as ilustrações dos livros, anteriormente, já procuravam dar um reforço visual aos textos. Atualmente há obras muito interessantes das quais destaco algumas em que a literatura foi reescrita em uma nova linguagem.

---

3. Hoje é equivalente ao 9º ano do Ensino Fundamental.

A versão quadrinizada de *Sonhos de uma noite de verão*, de Shakespeare, apresenta um visual belíssimo e roteiro muito atraente por mostrar a história sob outro ângulo. É o resultado de um trabalho conjunto de Neil Gaiman e Charles Vege para a revista *Sandman*.

Laerte, num estilo totalmente diverso, faz uma "brincadeira" com Fernando Pessoa colocando-o numa ponte sobre o rio Tietê na história "O Poeta", em *Piratas do Tietê*.

Três setembros e um janeiro, da série *Sandman*, escrito por Neil Caiman, desenhado por Shawn Mcmanus e colorido por Daniel Vozzo, coloca personagens de diferentes obras convivendo no espaço de outro romance, resultando numa arte gráfica que possui um roteiro denso e criação de metáforas visuais muito preciosas.

Dentro de um conceito mais amplo de literatura, as HQs seriam as novas variantes, incorporando a imagem literal como um elemento de sua estrutura.

Percebemos que a imagem vem ocupando espaço e interferindo cada vez mais no cotidiano das pessoas; por isso, sua leitura, além da dos textos verbais apresentados nos livros, também deve ser trabalhada. A Proposta Curricular de Português da rede estadual de 1° grau introduziu modificações neste sentido. Ela propôs a leitura e produção de vários textos, desde os tradicionais até os jornalísticos, propagandísticos e utilitários instrucionais.

Em relação às histórias em quadrinhos constava como conteúdo a ser observado, comparado e compreendido pelos alunos:

- elementos constituintes (personagens, sequência temporal, trama/enredo),
- disposição dos recursos gráfico-visuais,
- título e sua relação com a narrativa das histórias,
- balão como recurso gráfico (indicação da fala ou de pensamento da personagem),
- narrador (presença/ausência no texto),
- legenda, através do discurso indireto, como mais um recurso de narrativa.

Nos estudos de campo, pudemos observar que alguns professores da rede pública já exploram a linguagem visual, incorporando-a ao trabalho pedagógico.

Na escola municipal "G", não inserida no Projeto da Interdisciplinaridade porém trabalhando com tema gerador "Direitos da criança e do adolescente", a professora de Educação Artística procurou desenvolver com os alunos a expressão através do desenho, sem o suporte da linguagem verbal. Durante uma de suas aulas, ela propôs um trabalho relacionado com a eleição do Conselho de Escola que, no caso, constituía um subtema dentro do projeto escolar. Os alunos tinham chegado ao *slogan Conselho de Escola — um bicho de 4 cabeças* (cada cabeça sendo: direção, professores, pais e alunos). Fora solicitado um trabalho que expressasse este tema. Um dos grupos, à custa de algumas queimaduras nos dedos, havia conseguido gravar, com faca quente, um animal com quatro cabeças. Ao lado da figura, havia pirografado "Bicho de 4 cabeças". A professora questionou a presença do texto verbal dizendo que se

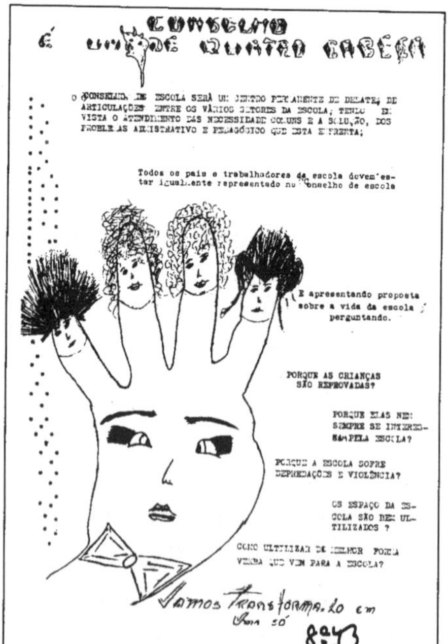

deixassem a figura falar a ausência do texto forçaria as pessoas a se deterem por mais tempo, tentando decifrá-la. Não sendo possível a reprodução deste trabalho, anexo um de outra classe que poderá ilustrar de alguma forma a efervescência da campanha eleitoral à época das observações.

A professora de História desta mesma escola promoveu uma sessão de projeção de *slides* para alunos de 8ª série,[4] mostrando, por meio de diferentes formas de expressão artística (escultura, pintura, arquitetura), o desenrolar da história. Durante a projeção, ela foi conversando com a classe, destacando aspectos característicos de cada período, desde a Antiguidade Clássica até a Idade Média, principalmente a concepção de mundo, antropocêntrica ou teocêntrica, que orientavam tais obras.

Esta professora, na 5ª série,[5] após entrevista com moradores do bairro e pais de alunos, solicitou às crianças que contassem a história das famílias e do bairro em quadrinhos (dentro do projeto temático). Pela produção, pôde-se observar que houve uma expressão plástica concomitante ao texto verbal, revelando uma preocupação com a ocupação do espaço. A história poderia ter mais dinamicidade com a introdução dos balões; entretanto, este é um recurso técnico que exige muita habilidade, necessita ter uma noção espacial bem desenvolvida e uma capacidade para sintetizar as falas, que não podem ser muito extensas pois prejudicam o conjunto visual. Há HQs de vanguarda em que a supressão dos balões torna o texto narrativo mais longo, dando-lhe mais peso e desvinculando-o, de certa forma, da imagem pelo distanciamento físico. As crianças, intuitivamente ou por pouca intimidade com este tipo de produção, realizaram o trabalho proposto de maneira adequada, com um mínimo de diálogos.

Em um outro momento, esta professora solicitou a confecção de cartazes em que os alunos, mediante desenhos e colagens, revelassem a compreensão da expressão "classes sociais" e as diferenças que as caracterizam.

---

4. Hoje é equivalente ao 9º ano do Ensino Fundamental.

5. Hoje é equivalente ao 6º ano do Ensino Fundamental.

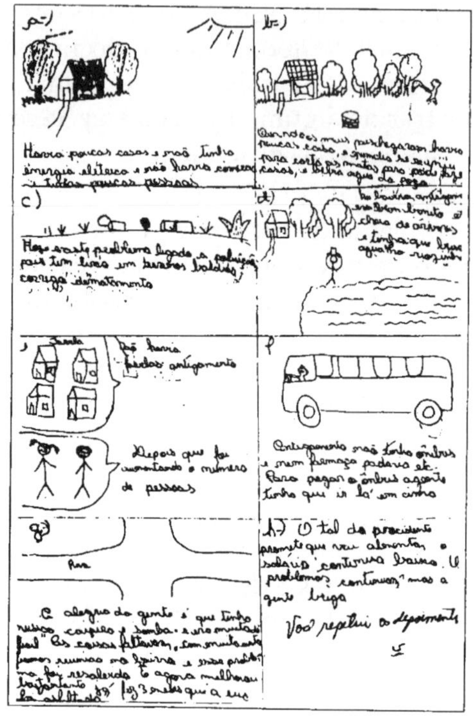

Nesta escola, outros professores também utilizam a imagem relacionada com o texto verbal. Nas aulas de Ciências e Geografia, para fixação de conceitos, eles recorreram ao uso de legendas simbolizando acidentes geográficos, tipos de nuvens ou outros registros climáticos.

Não é raro encontrar folhetos educativos distribuídos por órgãos públicos, como os da Campanha do Trânsito, circulando entre os alunos. A professora de Educação Moral e Cívica da escola municipal "F" (fora do Projeto da Inter) desenvolveu seu trabalho, na 8ª série,[6] partindo de um deles, versão quadrinizada do Estatuto da Criança e do Adolescente. A partir da leitura e da discussão de questões implícitas no Estatuto, ela sugeriu uma pesquisa nos noticiários de jornais, rádio e televisão acerca do respeito e da violação dos direitos da criança e do adolescente.

6. Hoje é equivalente ao 9º ano do Ensino Fundamental.

Uma professora de 3ª série[7] da escola estadual "I" e a professora de Português de 5ª série[8] da escola municipal "E" utilizaram os quadrinhos para ampliar o conceito de diálogo e seus diferentes registros no discurso direto e no indireto, ou para trabalhar a sequência narrativa.

É comum o uso de reprodução mimeografada de personagens de HQ, nas séries iniciais, para trabalhar distinção de cores e coordenação motora fina no ato da pintura; muitas vezes o desenho é associado a uma data comemorativa. A mesma professora da escola "I", já citada, utilizou a figura de Cebolinha cultivando o solo, acompanhada dos dizeres "1º de Maio — Dia do Trabalho", solicitando que os alunos a colorissem. *Esta é uma atividade que as crianças, geralmente, realizam com prazer; entretanto, é necessário tomar cuidado para que o desenho pronto não sufoque sua linguagem plástica, impondo-se como um modelo a ser seguido.*

Uma atividade (como colagem, pintura, HQs, cartazes) envolvendo diversas linguagens enriquece a experiência do aluno pois oferece diversos campos de trabalho, tirando o aluno da situação rotineira frente à folha de papel, tamanho A-4, comumente utilizada para produção de texto.

Trabalhos semelhantes aos destas professoras, com expressão plástica, podem estar sendo desenvolvidos em outras escolas. Cito abaixo uma análise do pesquisador José Luiz Miranda acerca de ilustrações do jornal feito pelos alunos de 8ª série da escola municipal "D" (inserida no Projeto Interdisciplinar), que parece confirmar esta suposição.

> "Considero dignas de especial atenção as personagens criadas para ilustrar a *Folhinha da Pedrinho*, cujas tiras vêm sempre no final de cada exemplar, compondo sequências de temas que continuam ou não nos números seguintes. Tais personagens, confeccionadas em traços estilizados, sugerem: um *black power* com nome de jogador de futebol (Cerezo), um ser indefinido (Pedrinho), um primitivo (Indiozinho), o vilão (Kanibal) e um tipo inexpressivo (Ataíde).
>
> Mais do que a alusão às preferências, explícitas ou não, dos alunos-editores por esporte, agressividade, distinção (vislumbrar-se

---

7. Hoje é equivalente ao 4º ano do Ensino Fundamental.

8. Hoje é equivalente ao 6º ano do Ensino Fundamental.

como não comuns) e humor, saliente-se a adequação da caracterização à escolha dos nomes. Sem dúvida ela foi muito feliz. Tamanha desenvoltura nessa forma de expressão demonstra, ou melhor, reitera tratar-se de alunos já familiarizados com materiais do gênero (histórias em quadrinhos e charges em jornais e/ou revistas). Ocorre, porém, que ao optarem pela inovação em vez da adoção de modelos já consagrados, como por exemplo as criações de Walt Disney ou de Mauricio de Sousa, os alunos forjaram novas possibilidades discursivas. Suas personagens se prestam a veicular um universo próprio, o da escola, o qual é captado em profundidade sobretudo por aqueles que o vivenciam. Decodificar as mensagens subjacentes em cada sequência implica, portanto, adentrar esse universo."

Geralmente associamos à HQ a ideia de diversão e passatempo. Se nos detivermos um pouco mais percebemos que é inegável o poder de interferência da imagem no modo de pensar das pessoas e em seu imaginário. É difícil para nós vermos uma outra Cinderela (e outros personagens da Carochinha) que não a de Walt Disney, tamanha foi a influência de seus produtos pela qualidade das imagens, universo amplo de divulgação através de filmes, discos e livros, inclusive produtos variados de consumo. As mensagens ideológicas foram amplamente disseminadas por este veículo de comunicação, aparentemente ingênuo. Dorfman e Mattelart, em seu livro *Para ler o Pato Donald: comunicação de massa e colonialismo* (1977), analisam muitos aspectos que passam despercebidos ao leitor comum; embora muitas críticas talvez sejam superadas, algumas continuam válidas. Os autores utilizam a expressão *a imaginação no poder*, referindo-se à força que a imagem possui e sua utilização pelos poderes político e econômico, ressaltando que

> Isto se relaciona com toda a problemática da cultura de massas, que democratizou a audiência e popularizou as temáticas, ampliando indubitavelmente os centros de interesse do homem atual, mas que está elitizando cada vez mais, afastando cada vez mais as soluções, os métodos para estas soluções e as variadas expressões que conseguem transportar, para um círculo reduzido, a sufocada complexidade do processo.

A escola, ao promover atividades que envolvam os meios de comunicação de massa, pode levar o aluno a conhecê-los melhor, analisá-los, desmistificando-os na medida em que os processos de produção sejam conhecidos e estabelecendo com eles uma relação mais crítica e dinâmica. As atividades de criação e produção são fundamentais para o aluno vivenciar a complexidade do processo, nem sempre percebida na sua fruição. Desta forma, a escola estará promovendo uma "educação para a comunicação", como salienta a publicação da UNICEF (1992).

No caso da HQ, a criança poderá ter seu prazer ampliado, desenvolvendo sua capacidade de leitura.[9] A HQ permite infinitas possibilidades de exploração do imaginário: magia, violência, ficção científica, sonhos, tudo cabe em suas páginas. Através da imaginação podemos superar, ou pelo menos, diminuir nossos problemas e as pressões que sofremos no cotidiano e encontrar possíveis soluções. O olhar aguçado percebe além, espírito crítico e prazer são ampliados através dele.

Bibliografia

ACEDO, Juan. *Contato imediato*: como fazer histórias em quadrinhos. Trad. Sílvio Neves Ferreira. São Paulo: Global, 1990.

BIBE-LUYTEN, Sônia M. *O que é história em quadrinhos*. São Paulo: Brasiliense, 1985. (Col. Primeiros Passos.)

______ (org.). *História em quadrinhos*: leitura crítica. São Paulo: Paulinas, 1984.

CAGNIN, Antonio Luiz. *Os quadrinhos*. São Paulo: Ática, 1975.

CIRNE, Moacy. *Uma introdução política aos quadrinhos*. Rio de Janeiro: Achimé, 1982.

______. *A linguagem dos quadrinhos*. 2. ed. Petrópolis: Vozes, 1971.

DORFMAN, Ariel; MATTELART, Armand. *Para ler o Pato Donald*: comunicação de massa e colonialismo. Trad. Alvaro de Moya, Rio de Janeiro: Paz e Terra, 1977.

HAMASAKI, Paulo. História das estórias em quadrinhos. *Vozes*, Rio de Janeiro: Vozes, n. 7, jul. 1969.

LOVETRO, José Alberto. A linguagem do futuro. Linguagem e linguagens. *Ideias*, São Paulo: FDE, n. 17, 1993.

MOYA, Álvaro de. *Shazam!* São Paulo: Perspectiva, 1970.

9. Nesse sentido ler "O potencial das histórias em quadrinhos na formação do leitor", tese de doutorado de Valéria Aparecida Bari, acessando Google, digitando BDTD USP, depois nome da autora.

MOYA, Álvaro de. Quadrinhos: literatura do século. *Vozes*, ano 63, n. 7, jul. 1969.

SOUSA, Mauricio de. Uma vitória do quadrinho brasileiro. *Revista Vozes*, Rio de Janeiro: Vozes, n. 7, 1969.

VANOYE, Francis. *Usos da linguagem*. São Paulo: Martins Fontes, 1982.

VERGUEIRO, Waldomiro de Castro Santos. Histórias em quadrinhos e identidade nacional. O caso Pererê. Revista *Comunicações e Artes*, Escola de Comunicações e Artes (ECA) — USP. São Paulo, ano 15, set./dez. 1990.

UNICEF. *Educación para la Comunicación*. Manual Latinoamericano de Educación para los Medios de Comunicación. Chile: Centro de Indagación y Expresión Cultural y Artística (CENECA), 1992.

VI

Teatro: recurso lúdico e pedagógico

*Carla Diniz Lapenda**

Este texto tem algo de diferente dos demais, pelo fato de os outros ensaios deste livro tratarem de linguagens dos meios de comunicação já incorporadas ao cotidiano da criança e do jovem, como é o caso da história em quadrinhos e do videogame. Já o teatro, assunto desse trabalho, tem sido pouco vivenciado pela maioria dos jovens e adolescentes, por razões que procuraremos discutir ao longo deste trabalho.

Entre alguns professores a pergunta mais frequente que se faz (ou que se pensa em fazer) ao se propor o trabalho teatral na escola é: por que perder tempo com brincadeiras, já que todos sabem que o tempo de aula é escasso em vista do extenso programa escolar?

Para nós, a presença do teatro na escola é necessária e deve ter pelo menos dois objetivos: possibilitar à criança o conhecimento e o gosto pelo teatro, e desempenhar o papel de elemento didático. Entendemos que o teatro pode participar com muita eficácia da formação do estudante. Contudo, antes de nos determos neste ponto, procuraremos mostrar que o teatro está afastado da vida cultural do jovem e que a escola pode (e deve) incentivar seus alunos a irem ao teatro.

Tendo como ponto de partida os dados da pesquisa no projeto integrado "A circulação do texto na escola", já referida

---

* Formada em Letras (FFLCH/USP). Pós-graduada em Planejamento e Marketing pelo Senac. É professora de Português.

na introdução desse volume, constatamos que o teatro e muitas das linguagens da cultura de massa estão muito distantes da vida escolar.

Segundo dados do questionário,[1] o teatro colocou-se sempre entre as três atividades que jovens e crianças das escola pesquisadas menos prestigiam. Para que se possa ter um referencial, colocaremos as duas atividades com maior e menor prestígio:

Preferência dos alunos (%)

	3ª	5ª	8ª
Ver TV	87,74	87,82	91,09
Ouvir música	84,20	85,57	93,84
Ir a shows musicais	19,34	23,22	22,69
Ir ao teatro	25,94	17,70	17,09

Tratando mais especificamente das razões pelas quais o teatro se encontra tão distanciado do público juvenil, ocorrem-nos afirmativas como "o teatro é muito elitizado" ou "o teatro é muito caro". Tais assertivas são parcialmente verdadeiras sobretudo no que diz respeito ao preço do ingresso. Entretanto é preciso lembrar que existem peças apresentadas gratuitamente na cidade, e até mesmo no estado de São Paulo, que há encenações nas ruas, que as secretarias de Cultura frequentemente promovem campanhas a preços populares, ou ainda que as companhias teatrais engajadas em projetos sociais barateiam o preço dos ingressos.

Quando se diz que o teatro é elitizado normalmente supõe-se que sua linguagem seja de difícil compreensão para o público leigo, e que só os mais familiarizados com ela conseguem entendê-la. De certa forma, esta ideia está muito relacionada ao teatro do absurdo ou ao teatro de vanguarda, ou a grupos que desenvolvem pesquisas na área da linguagem; contudo, uma peça apresentada no ano de 1993 em São Paulo vem lançar dúvidas sob essa sorte de afirmações, já que a montagem de

1. Questionário aplicado em quinze escolas do município de São Paulo a fim de verificar o contato dos estudantes com os bens de consumo (ver introdução deste volume).

Hamlet, de José Celso Martinez Corrêa, conhecido por suas experiências na área da linguagem teatral, atraiu uma legião de *teens* que, na sua maioria, provavelmente tiveram experiências muito tênues com relação ao Teatro Oficina.

É possível à escola desenvolver alguns mecanismos que permitam ao aluno ter um contato mais continuado com o teatro. A título de sugestão, pensamos em algumas estratégias capazes de viabilizar esse projeto.

Um caminho seria promover convênios entre a escola e o teatro, mediante ações que possibilitem a ida do teatro à escola e/ou vice-versa. Em algumas escolas estaduais de São Paulo havia projetos que levavam companhias de teatro e de dança para se apresentarem no espaço escolar, especialmente para a comunidade do bairro. Isso permitia que uma comunidade que normalmente não tem oportunidade de ir a salas de teatro, quer por impossibilidade de comprar o ingresso, quer por dificuldade de locomoção ou outro motivo qualquer, tivesse acesso a espetáculos de qualidade.

Há ainda companhias teatrais que "vendem" suas produções por preços acessíveis, e por vezes até simbólicos, especialmente para escolas. Muitas vezes esses espetáculos são montados visando ao público estudantil, e já têm como tema pontos do conteúdo programático de determinadas disciplinas, como é o caso frequente da literatura.

Algumas instituições, como a EAD (Escola de Arte Dramática) e a Escola de Artes Cênicas da Universidade de São Paulo, exigem de seus alunos, como um dos quesitos para a conclusão do curso, a montagem de uma peça. Tais alunos ensaiam-na e não têm público para assisti-la. Não seria difícil levar alunos de escolas primárias e secundárias para assistirem a tais espetáculos, visto que o único custo seria com transporte, que poderia ser fornecido pela Secretaria de Educação do estado ou do município.

Como vimos, há meios de se efetuarem contatos entre a escola e o teatro. Contudo, parece-nos um tanto paradoxal o esforço das escolas, de um modo geral, para levarem seus alunos a parques de diversão, como o Playcenter, ou a programas de auditório, como o Programa Livre, e não demonstrem o mesmo empenho em se tratando de uma forma de conhecimento artístico. Obviamente não se trata de sonegar formas de lazer, como parques e programas televisivos, pois são de interesse dos alunos. Todavia é extremamente empobrecedor que a escola se restrinja unicamente a elas.

Este distanciamento entre a escola e as artes cênicas gera algumas consequências no que diz respeito à formação global dos alunos. Uma, e a mais óbvia, é o não desenvolvimento de uma forma de apreensão do mundo cifrada pela linguagem teatral. Significa "atrofiar" mecanismos perceptivos e sensibilidades potencializadas pelos mecanismos representativos da arte.

Os alunos integrados ao mundo da cultura e da arte enriquecem repertórios que seguramente contribuem no sentido de ampliar visões de mundo e compreender a história do homem. Para o professor em sala de aula, a presença de alunos com essas características será mais um elemento motivador do trabalho pedagógico que busca a construção de um sujeito dono de seu próprio saber.

Entretanto a escola parece não saber como incorporar ao seu cotidiano linguagens não afeitas à sua tradição. A falta de domínio, por parte do professor, das técnicas, e o desconhecimento da natureza dessas linguagens impedem-no de ter o instrumental necessário para incorporá-las à sua prática didático-pedagógica.

Se, por vezes, o educador não está adequadamente formado nem em sua própria área do saber, é difícil esperar dele maior conhecimento de linguagens estranhas ao cotidiano escolar. E para agravar, neste âmbito, o quadro gerado por problemas de formação, acrescente-se as limitações financeiras do profissional de educação, o que dificulta ainda mais o acesso aos chamados bens de cultura, como o teatro.

Ademais, a utilização irrestrita do livro didático parece inibir o professor na busca de novas metodologias educacionais. A maioria dos docentes que se utilizam do livro didático não recorrem a outros tipos de instrumental em suas aulas.[2] Portanto, tem-se a impressão de que a presença do livro didático não incentiva, não instiga o professor a procurar novas formas de

2. Ver "A leitura de textos didáticos e didatizados", Capítulo 1 do volume 2 desta coleção.

expressão; muito pelo contrário acomoda-o unicamente nesse recurso pedagógico.

Uma questão fundamental, que se constitui em um forte empecilho para a interação escola-teatro, é a dificuldade dos educadores em reconhecer e respeitar o imaginário de seus alunos como seres inseridos na sociedade, expostos aos meios de comunicação de massa, influenciados por expressões artísticas, com história de vida própria e como elementos pertencentes ao processo ensino-aprendizagem.

Outra barreira para a adequada utilização do teatro na escola é a confusão comumente feita entre encenação e dramatização. Sob o "pretexto" de se fazer teatro, faz-se dramatizações improvisadas em sala de aula, o que pode acabar por frustrar os alunos e causar-lhes um certo mal-estar de tentar novamente uma experiência teatral, ainda que com uma proposta mais séria. Foi exatamente essa vivência que um professor de Educação Artística de uma 6ª série relatou-nos. Segundo ele, a recusa veemente dos alunos dessa série em montar um espetáculo teatral deveu-se às experiências desagradáveis com essa prática, visto que, se não for bem orientada e devidamente estimulada, dificilmente pode trazer resultados positivos e motivar os alunos a se engajarem novamente em qualquer atividade desse tipo.

Relatos da utilização do teatro na escola

Com o objetivo de exemplificar o que foi colocado até aqui e de embasar nossa análise, descreveremos os episódios, relacionados ao tema, encontrados nos diários de campo.[3]

Episódio I — Escola A

5ª série — Inglês

A professora solicita uma dupla de alunos para a apresentação de um diálogo, a partir das informações contidas no texto *My School*, estudado previamente. Como ninguém se

---

3. Cada pesquisador observou três semanas de aula em escolas públicas e particulares de São Paulo; os resultados dessa observação foram quinze diários de campo.

voluntariou, ela escolheu-os. Entretanto não foi possível ouvi-los, pois ela estava rodeada pelos alunos. A apresentação foi interrompida, e a professora pediu aos alunos que a cercavam para voltarem a seus lugares. A atividade foi retomada com uma nova dupla, desta vez de voluntários. A professora interrompeu-os várias vezes para corrigir a pronúncia; ao dar o sinal, ela saiu sem fazer comentários.

Episódio II — Escola A

7ª série — Português

A proposta era que os alunos produzissem um texto de teatro, o que seria uma síntese do trabalho sobre os processos de comunicação na escola, já que os grupos deveriam representar situações do cotidiano escolar, destacando o papel da linguagem nas relações constituídas.

O seguinte roteiro de orientação para a produção dos textos dramáticos foi colocado na lousa pela professora:

I — Características do texto:
   1 — marcações;
   2 — muita ação;
   3 — divisão de atos e cenas.

II — Temas para a montagem do texto dramático:
   1 — Autoescola
   Personagens: aprendiz, instrutor, pessoas no trânsito
   2 — Um novo aluno na sala de aula
   Personagens: criação do grupo
   3 — Relação escola *x* trabalho
   Personagens: jovens com formação escolar e jovens sem formação escolar
   4 — Turma de pichadores que invade a escola
   Personagens: pichadores em confronto com alunos da escola
   5 — Menores abandonados recolhidos dentro de uma instituição sem direito à escola.

A professora alertou que não seria necessário que todos os alunos trabalhassem como atores, pois havia outras áreas nas quais poderiam atuar, como por exemplo cenografia, sonoplastia, direção, figurinos etc.

Infelizmente as peças foram encenadas fora do período de observação, o que impediu a sua apreciação.

Episódio III — Escola A

3ª série — Geografia

Parte do conteúdo programático dessa série constava do estudo dos pontos cardeais. Para apresentar essa matéria aos alunos, a professora optou por uma aula expositiva. Após a explicação, ela pediu a um aluno para representar o sol e a outro que se orientasse pelos pontos cardeais, a fim de ilustrar a aula e verificar o entendimento dos alunos sobre esse assunto.

Episódio IV — Escola A

3ª série — Português

A atividade proposta pela professora para essa aula foi a leitura e interpretação de um texto do livro didático.

Durante a leitura um aluno brincou com um aparelho eletrônico que produzia diversos sons. A professora tomou o aparelho emprestado, pediu que a classe ouvisse os sons produzidos por ele e sugeriu que as crianças representassem, através de mímica, as sensações que os sons lhes causavam. Todos aceitaram a sugestão, eufóricos.

Após alguns momentos de "brincadeira", a aula foi retomada com a seguinte frase da professora: "Agora estamos no mundo real; pegar o caderno de Português, colocar data e título". Sem que houvesse qualquer "gancho" com a atividade de expressão corporal, os alunos começaram a responder ao questionário de interpretação de texto do livro didático.

Episódio V — Escola A

3ª série — Português

Há algumas aulas os alunos estavam estudando os sinais de pontuação, em especial aqueles utilizados na construção do diálogo. Nessa aula, a fim de fixar a estrutura do diálogo, a professora pediu aos alunos para representarem o texto *Peri*, que consiste em um diálogo entre um indiozinho e um menino branco.

Durante a dramatização, a professora se colocou como narradora, enquanto os alunos reproduziam as falas das personagens.

Episódio VI — Escola E

5ª série — Português

Os professores de História e de Português, em conjunto, decidiram trabalhar o livro *O engenho colonial* através da adaptação de alguns de seus trechos para teatro.

Com o propósito de preparar os alunos para esse trabalho, a professora de Português planejou a dramatização do texto teatral *João José*, de Jorge de Andrade, que apresentamos a seguir.

João José

Vicente — (Cinco anos. Meio sonhador) Papai!

João José — (Atento à pescaria) Que é?

Vicente — Por que a água corre pra lá?

João José — Por causa da queda.

Vicente — Acho que devia correr ao contrário.

João José — Mas não corre.

Vicente — Seria mais bonito. Passaria primeiro naquela árvore cheia de... Que é aquilo pendurado na árvore, papai?

João José — Ninhos de guachos.

Vicente — Parecem pacotes de balas.

João José — Pescaria exige silêncio, meu filho.

Vicente — (Pausa) Nunca passou tanto aguapé como hoje!

João José — Assim você não pesca, Vicente.

Vicente — Um rio de flores e de lua! Papai! Por que os aguapés descem o rio?

João José — Porque as águas arrancam das margens.

Vicente — (Aflito) Papai!

João José — Fica quieto, Vicente!

Vicente — Olha, papai!

João José — Será possível que não pode calar essa boca?

Vicente — Uma traíra está comendo um lambari!

João José — O que é que você pensa que traíra come? Pão de queijo?

Vicente — Salva ele! Salva, papai!

João José — Assim você cai no rio, menino!

Vicente — (Agarra-se às pernas de João José) A traíra está comendo o lambari! Salva ele, papai!

João José — Não é possível. Vamos embora! (Olha a cesta) Mas... onde estão os peixes?!

Vicente — Não sei.

João José — Você soltou outra vez?

Vicente — (... Levanta-se mais aflito.) Soltei. (João José dá um safanão no garoto. Vicente anda apressado como se não quisesse ouvir.)

João José — Seu pamonha! Estou tentando ensinar a você um divertimento de gente, de homem... Está ouvindo? De homem! E você, com essa alma de mocinha. Vamos! E não comece a chorar.

Vicente — Eu fiquei com pena, papai. Eles saltavam tanto na direção da água. Quando eu for grande, eu pesco, viu, papai!

João José — (Amolecendo) Está bem, meu filho.

Vicente — Papai!

João José — Que é agora?

Vicente — É bom ser homem?

João José — Claro, você não é?

Vicente — Não, papai! É bom ser homem grande?

João José — (Examina o garoto) É sim. É bom ser homem grande. É a melhor coisa, ouviu, meu filho? São os homens que mandam. Os homens! Eles domam, caçam, dominam os bichos e são donos do mundo. Não há caça, por mais matreira que seja, que possa fugir deles. (Tenta impressionar) Aquela cabeça grande de cervo na parede...

Vicente — Aquela que parece ter duas arvorezinhas secas na testa?

João José — (Aborrecido) É. Por que fala assim?

Vicente — Assim, como, papai?

João José — Arvorezinha seca! Se não quer falar chifre, fale arvinha!

Vicente — Mas é errado, papai!

João José — (Irritado) Não importa que seja errado! É mais... é mais bonito! Aquele cervo, cacei quando você estava pra nascer. Afrouxei cinco cavalos. Nunca vi bicho mais astuto. Mas acabou na garupa do meu cavalo.

Vicente — (Em sua nascente visão do mundo, olha para cima) A lua já não é mais uma bola! É um queijo partido. Quando eu ficar grande, a lua ainda será quebrada?

João José — Acho que sim.

Vicente — Quando o senhor era do meu tamanho, ela já era?

João José — Já.

Vicente — E o senhor nunca descobriu por quê?

João José — (Retesado) Não.

Vicente — Por quê?

João José — (Explode) Larga mão dessa porcaria de lua, Vicente!

Vicente — (Atemorizado) Quando eu for homem grande... eu caço, viu, papai! (Anda pelo palco) Quando ficar grande... vou ser como o senhor! E vou descobrir por quê a lua fica quebrada! (Fazendo pose) Montarei no meu corcel... descerei pelas ribanceiras! (Saboreando a palavra) Ribanceiras! RIBANCEIRAS!... e irei caçar as negras águas sulfurosas!... Vou ser muito importante, o senhor vai ver!...

Ela orientou os alunos sobre as marcações entre parênteses (rubrica), entonação, movimentação e cenário. Ressaltou também que não era necessário que os alunos decorassem o texto, bastava se lembrarem do assunto da conversa entre o pai e o filho. Para auxiliá-los, ela colocou um roteiro na lousa:

- as perguntas do filho;
- a promessa do filho;
- retomada das perguntas do filho sobre o mundo a sua volta;
- nova irritação do pai;
- outra promessa do filho.

Um pouco antes do final dessa aula, a classe combinou como seria o cenário e quais alunos participariam de sua confecção, acertando os detalhes para a aula seguinte.

Na aula marcada para a encenação, os alunos arrumaram as carteiras em círculo e colaram na lousa o cenário, que se constituía de desenhos de luas (uma cheia e outra crescente), estrelas, cometa, e no chão desenhos de rio, peixes diversos e flores. A fim de complementar a composição do cenário foram usadas uma vareta de pipa, utilizada como vara de pesca; e duas cadeiras, que foram colocadas ao lado do rio, para dar a impressão de um barranco. Cinco duplas sorteadas apresentaram o texto. Algumas estavam presas ao livro, isto é, liam o texto; outras estavam mais desenvoltas.

Na avaliação feita em conjunto com a professora, uma aluna disse que achava "ótimo" dramatizar, "mesmo lendo no livro"; contudo, o nervosismo e o medo de eventuais risadas por parte dos colegas atrapalharam a apresentação. A professora interveio dizendo que o fato de os colegas rirem revelaria que a situação estava bem representada.

A professora encerrou a atividade lembrando aos alunos o objetivo desse trabalho: mostrar "a configuração e a apresentação de um texto teatral". A seguir passou a explicar o uso das palavras *por que* e *porque* no texto dramatizado.

Episódio VII — Escola H1

5ª série — Português

A professora iniciou a aula propondo uma discussão sobre a experiência de cada um dos alunos com alfabetização. Após a discussão, as crianças se dividiram em grupos para produzirem um texto sobre o tema e dramatizá-lo com a utilização de fantoche.

A professora orientou os alunos a usarem diálogos nos textos e atentarem para a pontuação, pois o objetivo dessa atividade era fixar esses itens.

Alguns comentários sobre os episódios

Pelo que se observou dos episódios é possível dividi-los conforme a utilização que neles se pretendeu fazer do teatro. Do primeiro grupo fariam parte os episódios que utilizam a dramatização como subterfúgio para fixar qualquer tipo de conteúdo sistematizado, como se qualquer conteúdo coubesse na forma do teatro, sem se levar em consideração a estrutura específica dessa linguagem.

Os episódios I, III, V e VII estão claramente incluídos nesse primeiro grupo. Neles não há nenhuma preocupação em mostrar ao aluno que a linguagem teatral tem a sua especificidade. A atenção está toda voltada para o conteúdo que se quer transmitir aos alunos, não importando se esse conteúdo é a estrutura do diálogo ou os pontos cardeais.

Assim, muitos professores acabam usando o teatro apenas como instrumento de fixação dos conteúdos didáticos, visto que a dramatização tornaria a aula mais dinâmica e supostamente mais interessante para o aluno.

Nesse sentido, o primeiro grupo se aproxima do segundo, pois nele o "teatro" é tido como um momento de lazer, no qual a criança ou o adolescente pode se divertir "um pouco" (visto que há limites) e soltar seu lado lúdico por (alguns) instantes. O episódio IV caracteriza muito bem esse grupo, já que a professora aproveita o "surgimento" de um aparelho sonoro para propiciar aos alunos uma pausa por meio de uma atividade de expressão corporal. Acabado o tempo de relaxamento, a professora volta ao "mundo real" com uma atividade mais "produtiva", mais "séria" — responder ao questionário do livro didático.

É bastante louvável o *feeling* da professora em aproveitar os sons inesperados e utilizá-los em aula, em vez de repreender o dono do aparelho. Contudo ela não incorporou a atividade de expressão corporal à aula, tendo em vista a quebra que se dá com a frase: "Voltemos ao mundo real".

Esse é um exemplo muito esclarecedor para se perceber que não basta "brincar de teatrinho". O teatro realmente trabalha o lúdico, o prazer, o corporal; entretanto é muito empobrecedor não perceber as inúmeras possibilidades que essa atividade propicia, por exemplo ao trabalho com a sensibilidade, a percepção, a intuição, as emoções, entre outras.

Um terceiro grupo constituir-se-ia em torno do respeito à especificidade da linguagem teatral, isto é, a estrutura da peça teatral seria percebida tanto como texto quanto como espetáculo; partindo daí haveria a preocupação com a encenação (não apenas a dramatização) da peça.

O único exemplo que temos está relatado no episódio II. Ainda que não se tenha visto a conclusão desse trabalho com a linguagem cênica, é sabido que ela se deu, ou seja, a peça foi efetivamente encenada, tornando-se um espetáculo.

Nesse caso, a preocupação com a encenação foi notada durante todo o processo, através da orientação da professora acerca de todas as áreas envolvidas na montagem: dramaturgia, sonoplastia, figurinos.

Não pretendemos questionar a qualidade teatral desse trabalho (mesmo porque não houve como presenciá-lo), mas ressaltar o cuidado no tratamento dado a essa linguagem específica.

O episódio VI ocuparia assim uma posição intermediária entre o primeiro e o terceiro grupo, já que nele há tanto uma preocupação com alguns dos elementos da linguagem teatral, quanto com o uso gramatical do texto dramático.

Embora a atenção dispensada à especificidade da linguagem cênica permeasse os procedimentos pedagógicos, não houve, entretanto, a concepção do trabalho enquanto espetáculo, pois os alunos, por orientação da professora, não decoraram o texto nem se preocuparam em caracterizar as personagens mediante figurinos ou qualquer outro recurso dramático.

Talvez o fato de não decorar esse texto em especial traga um certo empobrecimento das imagens nele contidas, como por exemplo nas falas de Vicente: "Parecem pacotes de balas" e "um rio de flores e de lua" ou na fala do pai: "... ensinar a você um divertimento de gente, de homem ... de homem! E você com esta alma de mocinha."

É possível que a professora não tenha levado em conta esse aspecto pelo fato de ela ter outro objetivo além do trabalho cênico, provavelmente o uso gramatical do texto em questão, já que encerrou a aula com explicações a respeito de *por que* e *porque*.

Observações (quase) finais

A nosso ver a exploração gramatical do texto de teatro não é impossível, desde que a passagem da dramaturgia à gramática ocorra de maneira coerente, não seja abrupta e, sobretudo, haja vinculação entre as partes e que a especificidade da linguagem teatral seja respeitada.

Quando nos referimos à especificidade da linguagem, estamos pensando naquilo que diferencia espetáculo teatral de dramatização. Nesta, o cuidado com os elementos cênicos, como iluminação, cenário, figurino, maquiagem, não está em primeiro plano; já no espetáculo teatral esses elementos são minuciosamente planejados, o que traduz uma concepção estética.

Essa concepção estética da obra de arte é de extrema importância para a formação global do indivíduo, sendo portanto valioso ao aluno assistir a peças teatrais de qualidade, com concepções estéticas diferenciadas.

Bibliografia

ABRAMOVICH, Fanny. *Teatricina*. Rio de Janeiro: MEC, 1979.

ADORNO, Theodor W. A indústria cultural. In: COHN, G. *Comunicação e indústria cultural*. 2. ed. São Paulo: Nacional, 1975.

BOAL, Augusto. *200 exercícios e jogos para o ator e o não ator com vontade de dizer algo através do teatro*. Rio de Janeiro: Civilização Brasileira, 1977.

BOLTON, Gavin. *Drama as education*: an argument for placing drama at the centre of curriculum. London: Longmam, 1984.

COELHO, Paulo. *O teatro na educação*. Rio de Janeiro: Forense Universitária, 1973.

CORTNEY, Richard. *Jogo, teatro e pensamento* — as bases intelectuais do teatro na educação. São Paulo: Perspectiva, 1981.

KOUDELA, Ingrid D. Jogos *teatrais*. 3. ed. São Paulo: Perspectiva, 1992.

LEITE, Luiza B. et al. *Teatro e cultura*. Rio de Janeiro: Brasília, 1976.

PEIXOTO, Fernando. *O que é teatro*. 12. ed. São Paulo: Brasiliense, 1992.

REVERBEL, Olga. *Técnicas aplicadas à escola*. Porto Alegre: Editora do Brasil, 1974.

SPOLIN, Viola. *Improvisação para o teatro*. São Paulo: Perspectiva, 1979.

VII

Jogos interativos e cotidiano escolar

*José Luiz Miranda**

> O jogo é uma atividade ou ocupação voluntária, exercida dentro de certos e determinados limites de tempo e espaço, segundo regras livremente consentidas, mas absolutamente obrigatórias, dotado de um fim em si mesmo, acompanhado de um sentimento de tensão e de alegria e de uma consciência de ser diferente da vida cotidiana.
>
> *Johan Huizinga*

Durante o período de observação e coleta de dados de nossa pesquisa vim a conhecer uma produção de alunos, cuja elaboração e escolha de temas arrolados me despertou grande interesse. Tratava-se de um jornal de escola,[1] *Folhinha da Pedrinho*, elaborado por alunos da 8ª série, cuja finalidade principal era arrecadar fundos para a formatura. Logo, buscou-se arrebatar o maior número possível de alunos-leitores, fazendo com que o produto não se restringisse apenas aos que estavam concluindo o 1º grau, e sim algo voltado ao conjunto de suas séries.

Neste periódico totalmente artesanal (datilografado, ilustrado, mimeografado e vendido por seus redatores durante o

---

* Formado em Letras, Português/Francês (FFLCH/USP), Mestre em Teoria Literária e Literatura Comparada (FFLCH/USP). É professor no ensino superior.

1. Escola "D" (vide relação no final do volume).

recreio) constavam cadernos dirigidos a vários assuntos: esportes, fofocas, recados, poesia, passatempos etc. Um desses cadernos era o de *games* (assim denominado), especialmente concebido para divulgar truques para melhorar o desempenho e também breves menções de novos lançamentos. Uma vez bem-sucedida a circulação do produto (a tiragem aumentava a cada novo exemplar, viabilizando enfim algum lucro) e ao mesmo tempo atendo-se aos temas mais requisitados pelo público-alvo, os idealizadores passaram a compor um jornalzinho basicamente explorando "recados", "fofocas" e *games.*

Intrigado com o vivo interesse expresso pelos jogos interativos, fui entrevistar os idealizadores a fim de me inteirar mais a respeito. Segundo eles, o fato de a prática do videogame já estar incorporada ao seu cotidiano favorecia o lidar com o tema, pois além de praticantes também consumiam periódicos específicos a respeito (de onde me confessaram extrair o material publicado no jornalzinho). Posteriormente pude constatar que tal ocorrência era uma constante não apenas junto aos alunos da escola em questão, mas a todo o *corpus* de onde extraímos os dados.

A partir dessa ocorrência, pareceu-me que discutir o fascínio exercido pelo videogame sobre os pré-adolescentes e adolescentes mostrava-se um viés instigante e oportuno para um questionamento que contemplasse tanto a atuação do docente, quanto possíveis abordagens didáticas de "linguagens" não previstas na grade curricular, mais especificamente: as linguagens das mídias. Constatou-se, enfim, um convívio harmonioso entre os alunos e as linguagens multimidiáticas efetivado fora do âmbito escolar, e que a ele adentrava sobretudo sob a forma de comentários que nem sempre são apreendidos e devidamente considerados pela instituição e/ou seus representantes.

Note-se, por exemplo, que embora o videogame seja um entretenimento que abarcava praticamente todas as classes sociais e faixas etárias dos alunos observados, ainda assim ele não mereceu sequer a menção de curiosidade de nenhum docente. Questiono por que também não valer-se de tão vivo interesse, ainda que fosse para canalizar o enfoque para outras abordagens, como nos casos já avaliados junto a programas de TV, telejornais, notícias de jornais e/ou revistas, elaboração de HQ, manifestações teatrais?

Bastaria considerar apenas alguns dos complexos mecanismos desencadeados pela prática do videogame, não bastasse o magnetismo inerente aos avanços tecnológicos nele contido, para nos conscientizarmos ou no mínimo nos sensibilizarmos de que estamos em presença de uma nova e abrangente forma de expressão, que se apresenta também como diversão. Uma vez que junto ao aluno-usuário as barreiras das dificuldades inerentes ao entretenimento (como veremos a seguir) foram rompidas, aparentemente sem grandes dificuldades, por que o mesmo também não poderia ocorrer com o educador?

Lança-se, assim, o desafio de se adentrar esse universo lúdico envolto em diversas implicações. *O itinerário que proponho partirá de uma aproximação do produto concebido enquanto bem de consumo, passando pelo crivo de uma criticidade gradual e progressiva até chegarmos numa possível aproximação pedagógica.*

Algo em jogo

Considerando a tese de que a essência do lúdico está contida na frase "há alguma coisa em jogo", proponho uma análise das questões específicas formuladas no questionário[2] aplicado aos alunos desta pesquisa:

	3ª série	5ª série	8ª série
Você joga videogame?			
Não	18,63%	20,69%	30,53%
Sim	79,25%	78,62%	67,79%
Onde?			
Em sua casa	54,01%	53,79%	42,86%
Em casa de amigos	34,67%	35,40%	37,25%
Quanto tempo por dia você joga videogame?			
Até 2 horas	44,10%	45,75%	50,14%
De 2 a 4 horas	14,39%	17,24%	08,96%
Acima de 4 horas	21,23%	14,94%	07,84%

2. O perfil dos participantes especificando a faixa etária e o total de alunos encontra-se no final do volume.

Com os dados ora apresentados, constatou-se que os adeptos de videogame a ele consagravam, no mínimo, duas horas diárias; notou-se ainda que, dentro da carga horária, havia significativa alteração de uma série para outra. Saliente-se que no item "acima de 4 horas" encontramos o maior índice de horas dispendidas junto à 3ª série.

Ventilo uma hipótese explicativa para tamanha demanda de tempo, atrelada primeiro ao item adestramento, uma vez que a ele todo praticante deve se submeter, ou seja, saber manusear o equipamento, desenvolver cada vez mais a agilidade (reflexo), e domínio das linguagens cifradas e preestabelecidas; logo, há muito com que se familiarizar. Em segundo lugar, uma decorrência da primeira fase: ultrapassados os entraves iniciais, passa o praticante a aventurar-se a vencer todos os desafios propostos. Dessa forma, cada nova conquista tende a aguçar o interesse por novos desafios.

A fim de tornar esta exposição o mais articulada possível com "outras linguagens", meu ponto de partida será a extração de exemplos oriundos da campanha publicitária elaborada pela agência Bridge Comunicação e produzida pela 5.6 Produções (ambas de São Paulo), que em 1993-95 promoveu o refrigerante Sukita. Nela encontramos uma meta-apropriação do universo da TV, do cinema e do videogame num conjunto de sequências sistematicamente protagonizado por crianças.

Vejamos.

No exemplo da TV, uma menina é ludibriada pelo irmão mais velho que a transporta de um canal para outro usando o controle remoto; invertida a situação, a protagonista contempla o irmão preso na tela enquanto saboreia o refrigerante.

Já no caso do cinema, um adolescente enfrenta uma batalha — inclusive a explosão de uma granada — só para desfrutar o prazer de saborear o produto.

A sequência do videomaníaco tem como protagonistas um menino (de aproximadamente dez anos) e sua cadelinha Catucha. Enquanto joga uma partida, o menino pede à cadelinha que ela lhe traga o refrigerante. Como ela acena negativamente, o menino conclui que a única alternativa é aventurar-se em busca do mesmo mergulhando na tela. Metamorfoseado em personagem do *game*, ele deve vencer múltiplas dificuldades para chegar ao tesouro: um baú repleto de Sukita. Do lado de fora sua fiel companheira o contempla, atenta. Uma vez concretizado o intento, o protagonista estende a mão para acionar o botão que o retransporta para a "realidade", com o refrigerante em punho, evidentemente.

O quarto e último comercial da série diz respeito tanto ao cinema quanto ao videogame. Neste, algumas mães (ou melhor, estereótipos caricaturados) impedem o virtual acesso dos filhos à "diversão" ligada ao produto, *Sukita Adventure*, que se autodenomina inédita: "você nunca viu um cinema igual, muito menos seus pais (enfatiza uma voz em *off*)". As imprecações das mães (que não passam de "lugares-comuns") opõem-se as imagens de um público totalmente envolvido com o que lhe é mostrado em uma tela. Tal combinação de cenas de teores antagônicos aponta, ainda que de forma velada, para uma desconsideração das opiniões maternas.

O que não nos é revelado nessa sequência — e que só se vem a saber por outras vias — é o fato de tratar-se de um alto empreendimento que criou um espaço (estrategicamente situado próximo a um shopping center paulistano) que reproduz passo a passo o universo dos videogames. Nesse espaço os visitantes são introduzidos no aparelho e tomam contato com vários de seus componentes (reproduzidos em proporções gigantescas) e culminam o trajeto como integrantes do enredo idealizado pelos organizadores da *adventure*.

Aproveitando o caso específico que envolve este refrigerante, chamo atenção para outro aspecto intrínseco ao universo das campanhas publicitárias (e por extensão ao dos meios de comunicação): a constante busca de superação. Cabe então lembrar que, enquanto concorrente do seu similar mais famoso, Fanta, o confronto das marcas no afã de dominar o mercado se dá, sobretudo, na expressão de seus *slogans*:

"FANTA. Sabor de aventura"

"SUKITA. Aventura de verdade"

Esta exploração "midiática" sobre o que se concebe por disputa *e principalmente por* aventura *permeia o intuito de minha análise, uma vez que nela nos deparamos frequentemente com tais motes.*

O jogo com o contexto dos contextos

Até aqui procurei mostrar, *grosso modo*, como os MCM operam simultaneamente com uma multiplicidade de códigos, por exemplo, o caso do comercial do Sukita onde encontramos: cores, sons, comentários, texto escrito, *jingle* e movimentos (inclusive de câmera).

Na publicidade televisiva concentram-se a velocidade e a complexidade das mensagens, engendrando assim sua sedutora ambivalência polissêmica. Massimo Canevacci define tal ocorrência como sendo "oxímoros vinculados":

> A mensagem da publicidade televisiva parece a mais adequada a transmitir confusão e indistinção entre os sinais de amizade e punição que caracterizam o duplo vínculo de Bateson (...) Sedução e desprezo estão simultaneamente presentes nas meta-linguagens publicitárias (...) nos MCM o duplo vínculo visual une e mistura, confunde comportamentos hostis e afetos simulados (...) O tipo de mensagem "primária", emitido no nível explícito, entra em aberta contradição com a mensagem "secundária", implícita (Canevacci, 1991, p. 54).

Logo, há de se convir que a assídua exposição do espectador a esta forma de comunicação, o impele a desenvolver uma nova capacidade de recepção e decodificação das mensagens.

Tal premissa também se estende ao videogame.

Esta campanha publicitária da Bridge — que manteve sua veiculação diária (exceto a terceira sequência: "Mães") há mais de dois anos e que provavelmente constituiu um caso inédito na publicidade do Brasil — adequa-se, enfim, ao meu duplo propósito que é o de evidenciar o *modus faciendi* da divulgação de um dado produto por um lado, e por outro o fato de ela estar centrada no mesmo público-alvo do fenômeno que tenciono apreender. Dito de outra forma, esboçar uma interpretação das decorrências da ênfase no emprego de pré-adolescentes e adolescentes não só como veículo para "vender" um produto, mas também pelo fato de que isso, de certa forma, favorece o caminho para que tais protagonistas constituam o principal filão consumidor do mesmo produto.

Um olhar sobre o produto

> A competição não se estabelece apenas "por" alguma coisa, mas também "em" e "com" alguma coisa.
>
> *Johan Huizinga*

Indubitavelmente estamos em plena "era da gamemania"[3] e nela apreende-se o ritmo frenético da aparição de novos jogos e a decorrente avidez no consumo dos mesmos.

O primeiro aspecto que julgo relevante é delinear um panorama da evolução dos *games*, em cuja indústria a velocidade com que despontam novos modelos é tão surpreendente quanto a forma como eles tornam-se obsoletos.

Já foram desenvolvidas cinco gerações:

a. Telejogos: tipo "ping-pong", sem cartucho, no console com dois botões (possibilitando até dois participantes por partida), sem uso de cores;

b. ATARI: com cartucho, maior movimentação (horizontal e vertical), com *joystick*, botão de interferência (atirar, matar), colorido;

c. Processamento em 8 bites das marcas NINTENDO (mesmo processador da APPLE) e SEGA (mesmo processador da MSX): nesses exemplares o *joystick* tem dois botões para interferência, há maior resolução de imagens, maior velocidade, mais cores. Desta fase destaca-se a série *Mario Bros* (NINTENDO);

d. Processamento em 16 *bites* (mesmas marcas anteriores): a série Super NES (Super Nintendo Entertainement System)

---

3. Novos lançamentos são disponibilizados constantemente no mercado, como Wii da Nintendo e jogos nos telefones celulares, para citar alguns. A indústria de games se tornou igual ou maior que a indústria cinematográfica. Por exemplo, o jogo Call of Duty lucrou mais do que *Titanic* no fim de semana de estreia, que é uma das métricas usadas para determinar o sucesso.

tem os jogos denominados Street Fighter (lutas) e a série Megadrive (SEGA) o jogo "Sonic" (aventuras de uma espécie de "porco-espinho" estilizado).

A quinta geração são os lançamentos da 3DO, companhia japonesa surgida da aliança de outras duas: NINTENDO e SILICON (também nipônicas). Isso tudo sem mencionar os avanços do sistema de mídias integradas, no qual já é possível jogar via a sofisticação de CD-ROM.

Conforme o extenso artigo dedicado ao assunto e publicado na revista *Time*, com os lucros alcançando esferas astronômicas, o questionamento dos executivos americanos ligados à gamemania pode ser resumido pela declaração de Steve Eskenazi (analista de investimento dos estúdios Hollywood) ao afirmar que: "atualmente não se questiona mais sobre os riscos de investimento e sim o quanto se deixa de ganhar por não fazê-lo".

Quanto aos consumidores do produto, observou-se que a maioria dos praticantes de *videogame* era composta por pré-adolescentes e adolescentes, embora não estejam excluídas as demais faixas etárias. Logo, a maciça presença de protagonistas infantojuvenis nas campanhas publicitárias, ligadas direta ou indiretamente ao produto em questão, não constituia um mero acaso e sim a estreita relação entre o apelo do produto e o público ao qual se destinava.

Além do bombardeamento publicitário exercido pela TV e imprensa, notou-se que muitos eram os canais facilitadores de acesso a esse bem de consumo.

Vejamos:

- venda do produto em estabelecimentos de todos os portes;
- comércio de usados: tanto em anúncios quanto em estabelecimentos;
- possibilidade de locação de *games*;
- ampla publicação específica disponível: *GamePower, AçãoGames, Gamers, ProGame, Video-Game, SuperGame*, além de seções especiais publicadas semanalmente na "Revista da Folha", "Folhinha" e "Estadinho";
- serviço de consultas: *DISQUE GAMEMANIA*.

Aqui faço um breve parêntese. Mesmo que seja por mera curiosidade, vale a pena conferir a confecção dos periódicos mencionados. Estes constituem autênticas "babéis" da diagramação, com sua peculiar profusão de cores e ilustrações, nas quais os sucintos informes são redigidos em uma linguagem especialmente voltada para iniciados.

Há casos, como por exemplo a revista *GamePower*, onde se chegava ao requinte da elaboração de personagens que inocorporavam os papéis de críticos dos últimos lançamentos. Suas denominações (Marcelo Kamikaze, Marjorie Bros, Baby Betinho, Lord Matias), bem como as posturas assumidas durante os comentários, constituem parâmetros para uma noção das tendências do mercado de *games*.

Como se vê, *o consumidor está envolto por mecanismos que desenvolvem nele não só a necessidade constante do produto, como também fornecem diversas formas de consumo.*

Na definição de Umberto Eco: "topos e tropos estão estritamente codificados e toda mensagem só faz repetir o que o usuário já esperava e conhecia; as premissas são, na maioria dos casos, aceitas sem discussão, ainda que falsas" (Eco, 1987, p. 183).

O *gamer* (videomaníaco) em ação

> Ludus abrange os jogos infantis, a recreação, as competições, as representações litúrgicas e teatrais e os jogos de azar.
>
> *Johan Huizinga*

Embora em alguns casos seja possível a presença de mais de um participante, *o entretenimento em questão era acentuadamente marcado pela prática individualizada do aparelho, o que sem dúvida favorece a opção voluntária pelo isolamento, mesmo nos espaços ditos coletivos.*

Em tal circunstância, o praticante via-se exposto ao duplo desafio de vencer não só suas dificuldades pessoais (sobretudo a adequação da agilidade motora e de raciocínio), mas também as artimanhas preparadas pelos *games* (que se mostram cada vez mais complexos). Graças ao isolamento, que não deixa de ser uma busca de limitar ao máximo a interferência externa (familiares, deveres escolares, obrigações domésticas etc.) o praticante dedica-se com afinco para atingir seus propósitos e, ao mesmo tempo, sente-se poupado de não dividir seus insucessos, a não ser com o próprio aparelho. *É comum constatar que entre os* "gamers" *só as vitórias são partilhadas, nunca as derrotas.* Saliente-se que em muito corrobora para tal postura a abundante divulgação de "truques" para a obtenção de sucesso.

Observou-se, também, que a destreza no manuseio do *joystick* constituía o primeiro grande desafio para o praticante, pois dela dependia o grau de atuação junto ao *game*. Alcançar maior pontuação, eliminar etapas, vencer ou não a partida são fatores que estão estreitamente relacionados com tal aptidão. Portanto, o *joystick* constitui-se elemento sem o qual não se efetiva a união dos polos *game-gamer*.

Ao atentarmos para a denominação deste componente, curiosamente observaremos que ele traz em si uma estreita proximidade semântica com o conteúdo subjacente à maioria dos *games*, qual seja: *combates*. Observe-se as acepções encontradas:[4]

- *joy*(s) alegria, regozijo, júbilo; (v) alegrar-se, regozijar-se.
- *stick*(s) vara, bastão, cacete, bordão; (v) varar, perfurar, trespassar, picar, inserir, apunhalar, matar.

Logo, poder-se-ia até mesmo interpretá-lo como: o viabilizador de um regozijo que advém das proezas exercidas com o uso de um bastão. No intuito de reiterar tal imagem, recorro à obra *Homo ludens* (fonte das epígrafes de cada capítulo deste ensaio), na qual encontramos a seguinte observação: "Em todas as línguas germânicas, assim como em muitas outras, os termos tipicamente lúdicos são normalmente aplicados ao combate a mão armada" (Huizinga, 1971, p. 46).

4. In: *Pequeno dicionário Michaelis*: Inglês-Português/Português-Inglês. 28. ed. São Paulo: Melhoramentos, 1990.

Note-se que casos como o cartucho Barbie Super Model e A Pequena Sereia (criados para o Super NES), *games* especialmente dedicados às meninas, não só constituem-se tímidas iniciativas, como também não deixam de causar um certo estranhamento ao meio em que estão inseridos.

Enquanto ilustração, esboço algumas considerações sobre o cartucho Barbie. Seguindo o cânone já amplamente difundido com a fabricação da boneca, de suas aventuras em desenhos animados e em HQ, o cartucho em questão restringia-se ao universo da moda no qual a protagonista não fazia outra coisa senão experimentar roupas e acessórios, ensaiar e posteriormente desfilar em passarelas e sobretudo posar para revistas.

Embora seja louvável o intento, me parece que seus idealizadores subestimaram o potencial das usuárias, pois o primeiro aspecto que me chamou atenção foi o fato de tratar-se do único caso de *game* onde se expunha na tela o botão que deve ser acionado (para direita, esquerda, virar). Com isso não se estaria insinuando sutilmente que as meninas seriam menos hábeis para o manuseio do jogo? Além disso, o fator desafio atrelado a algum tipo de imprevisto não estaria sendo deliberadamente negligenciado na elaboração desse cartucho? Praticamente inexiste uma progressão de dificuldades nas variações propostas; logo, da praticante é exigido pouco empenho para a mudança de uma para outra fase. Como não dispusemos de nenhuma referência quanto à preferência por esse cartucho em especial, acredito que, contrariando essas "nada sutis" insinuações (ou seria melhor grafar: discriminações?), a ala feminina dos *gamers* se interessa muito mais pelos outros modelos disponíveis.

Observe-se, por exemplo, que no intuito de amenizar possíveis "deslizes" anteriores, o mercado já dispunha de lançamentos como o do console rosa-choque batizado de Master System Girl.

Questiono, no entanto, se o expressivo consumo do produto *videogame* também não seria fomentado tanto por fatores internos (ligados diretamente ao desejo do praticante), quanto por outros que extrapolam o mero consumismo.

Situações concretas tais como as dificuldades em se poder brincar fora de casa, seja pela ausência de opções de outros espaços ou então pelo receio da violência urbana; ou ainda, a crescente e cada vez mais imperativa ausência de pais e responsáveis, obrigados a extensos períodos de trabalho (ocorrências muito frequentes, diga-se de passagem), constituem dados que suscitariam a seguinte indagação: em tais circunstâncias a opção *games* não acenaria, então, como algo mais atraente do que só TV e/ou rádio (junto ao usuário) e menos arriscada (na concepção dos pais)?

Paradoxalmente, se era da violência que os pais pretendiam proteger seus filhos oferecendo-lhes o "brinquedo", ela, enquanto tema, é o grande filão explorado pela maioria dos games.

Em artigo paralelo ao já anteriormente citado da revista *Time*, intitulado "Violento demais para crianças?" (*Too violent for kids?*), o mesmo articulista inicia sua reflexão descrevendo os requintes sanguinários dos personagens Johnny Cage, Rayden, Kano, Sub-Zero, Sonya Blade e logo a seguir reitera não "se tratar de renegados advindos de filmes B (*Late Late Movie*), mas sim das características marcantes das personagens que compõem o *game* Mortal Kombat, o primeiro no *ranking* de preferência dos americanos, e que desencadeou grandes controvérsias no ano de 1992". Enfatizando tal tese segue-se uma observação, aparentemente ingênua, mas que se mostra extremamente reveladora, de um responsável por loja de *games*: "Você teve um dia cheio, então tudo o que você quer é arrancar um par de cabeças e sentir-se bem".

Nesse mesmo artigo também encontra-se a seguinte declaração de Parker V. Page (presidente da Children's Television Resource and Education Center, situada em São Francisco): "Embora não haja um estudo científico definitivo sobre os malefícios de um tal entretenimento, uma pesquisa preliminar sugere que junto às crianças tais *games* favoreceriam uma maior agressividade ou uma maior tolerância à agressão". Conclui o articulista que compete aos adultos não só uma melhor seleção, como também a determinação da permanência frente à telinha.

Uma vez considerada tal incidência, arriscaria delinear a seguinte observação: enquanto para a televisão convergem e são exploradas as transmissões de múltiplas violências (*o real*) — principalmente no âmbito urbano — nos jogos interativos o extermínio via *joystick* (*o virtual*) apresenta-se não só como uma prática mais "sofisticada", mas também como uma maneira profilática de efetuá-lo. *No que poderia implicar, então, a prática constante de aniquilamento de monstrinhos ou figuras humanizadas durante uma partida?*

A definição dada por Nestor Garcia Canclini ao videogame, quando o descreve como "a variante participativa do *video-clip*", só vem reiterar tal possibilidade interpretativa. Vejamos:

> Do cinema contemporâneo tomam as vertentes mais violentas: cenas bélicas, corridas de carros e motos, lutas de caratê e boxe. Diretamente familiarizados com a sensualidade e a eficácia da tecnologia fornecem uma tela-espelho (*pantalla-espejo*) que encenam o próprio poder, o fascínio de lutar com as grandes forças do mundo, aproveitando as últimas técnicas sem o risco de confrontos diretos (Canclini, 1991, p. 30).

Discutindo limites

> Desafio, perigo, competição (conceitos que) estão muito próximos do domínio lúdico. Jogo e perigo, risco, sorte, temeridade — em todos esses casos trata-se do mesmo campo de ação, em que alguma coisa está "em jogo".
>
> *Johan Huizinga*

Numa tentativa de agrupar os diversos fatores ora apresentados, creio já configurar-se a seguinte hipótese: Em sua batalha-entretenimento o *gamer*, ao destruir o inimigo fictício da tela, idealmente também estaria eliminando "outros" inimigos menos abstratos: a solidão, a ociosidade, as constantes cobranças de comportamentos "mais" adultos e, até mesmo, o lidar com a autocrítica.

Levando-se em conta a intensa necessidade de autoafirmação, simultânea à paulatina formulação de parâmetros de conduta (comportamentos notoriamente peculiares às faixas etárias da maioria desses praticantes) não seria, então, o caso de questionarmos em que medida a fruição do entretenimento não estaria contribuindo para uma concepção banalizadora da violência, atrelada a uma hipervalorização do "vencedor"? E mais, em que medida não estaria corroborando para tal concepção, a sistemática divulgação e consumo de truques que burlam as regras estabelecidas, desrespeitando assim um princípio básico do jogo?

Face à abrangência do espectro da falta de opções de lazer praticáveis fora do âmbito privado, fenômeno este que é mais sensivelmente percebido junto a pré-adolescentes e adolescentes de grandes centros urbanos (como o caso dos alunos observados neste projeto), instaura-se enfim o questionamento: seria o videogame "apenas" mais um brinquedo?

Conforme procurou-se demonstrar, enfocado sob a óptica da indústria do lazer, o "fascínio" do videogame não se restringiria a uma redutora apologia da violência, pois o referido produto, como qualquer outro bem de consumo, não foge à "lei da oferta e da procura" que rege o mercado. Ou seja, assimilar-se-ia a tese de que na mesma proporção que o produto envolve o consumidor, este determina a produção daquilo que vem ao encontro de suas necessidades.

No entanto, percebe-se que muita coisa mudou depois do advento da gamemania, seja em relação aos produtores, seja aos consumidores — o que implica uma consideração não indiferente ao fenômeno. Goste-se ou não, trata-se de algo que veio para ficar.

Atentos, os fabricantes até já se adiantaram na iniciativa de reformular seu discurso e mostrar-se não como vilões e sim aliados dos responsáveis na formação dos filhos. Nesse sentido, a estratégia de uma grande companhia do ramo de videogames foi distribuir recentemente em seus *show-rooms* (se não em todos, ao menos nos da capital paulista) um encarte elaborado para pais e responsáveis com o apropriado título: "Tudo o que você gostaria de saber sobre videogame, mas nunca teve coragem de perguntar ao seu filho".

Embora se trate de uma abordagem demasiadamente simplificada do muito que o entretenimento abarca, e explicitamente concebida para "auxiliar na escolha", ainda assim percebe-se o encorajamento de uma postura mais ativa junto ao consumo. Observem-se algumas formulações do referido encarte:

- — criar parâmetros para quais categorias de jogos serão aceitos em sua casa;
- — converse com outros pais cujos filhos jogam videogames;
- — estabelecer limites diários de jogo;
- — encorajar o jogo interativo com amigos e irmãos além de reservar um tempo para jogar com os filhos;
- — deixe que seu filho o ensine a jogar, permitindo que eles sejam os *experts*;
- — certifique-se que seus filhos façam pausas durante as partidas (recomendação: pausa de 10 a 15 minutos a cada hora jogada);
- — *existem mais coisas na vida além dos videogames* (grifo meu): brincar, fazer a lição de casa e ler, entre outras atividades, resultam em uma vida mais balanceada (...).

Com tal encarte busca-se, enfim, se não desfazer, ao menos minimizar a imagem, já cristalizada, dos pais como meros "viabilizadores do acesso ao produto", ou seja, aqueles que "apenas pagam a conta mas não usufruem".

No entanto, na eventualidade de os pais insistirem em manter a postura de encarar o referido entretenimento como "apenas" mais um brinquedo, aceitando passivamente as visíveis transformações observáveis no jovem praticante, talvez ao educador fosse possível encará-lo diferentemente. Afinal, como não nos inquietarmos com uma observação, como a feita por Dewitt, logo ao iniciar o seu artigo?:

> Ninguém precisa explicar para um menino de dez anos o que há de tão extraordinário em um videogame. Apenas sente-o em frente de um Sega Genesis ou Super Nintendo, coloque um cartucho na abertura e ele entrará de corpo, mente e espírito

> (*he's gone body, mind and soul*) em um mundo imaginário melhor que o sono, que o jantar e muitíssimo melhor que a escola (*a heck of a lot better than school*) (...).

Vislumbrando outras partidas

Com base na minuciosa reflexão feita por Liz Cintra Rolim sobre "educação e lazer", reitero sua escolha pelas definições elaboradas por Joffre Dumazedier, que apresenta as propriedades específicas das atividades de lazer como sendo de ordem negativa e positiva.

> De *ordem negativa* — isto é, com relação às obrigações impostas pelo meio ou pela própria pessoa. São elas a liberação e a gratuidade.
> Liberação — negando, anulando, fugindo ou ainda abstendo-se de qualquer obrigação de ordem pessoal, familiar, profissional e institucional.
> Gratuidade — buscando e realizando atos desvinculados de qualquer interesse econômico (pois não visam lucro), ideológico (pois não se prendem a partidos políticos ou a correntes de ideias), nem sectário (pois se afastam de qualquer finalidade proselitista).
> De *ordem positiva* — isto é, com relação às necessidades da pessoa humana. São elas o hedonismo e a pessoalidade.
> Hedonismo — busca o encontro de um estado de satisfação, com fim em si mesmo, produzindo no indivíduo prazer, satisfação (...) É preciso saber que o interesse não abole o esforço e mesmo a disciplina (...).
> Pessoalidade — quando responde às necessidades do indivíduo, seja para destruí-lo (p. ex.: no alcoolismo), seja para lhe fornecer armas para lutar, ou se defender, das agressões que a sociedade urbano-industrial desencadeia contra ele (Rolim, 1989, p. 55-6).

Conclui a autora:

> O lazer surge assim mais do que uma necessidade, mais do que uma reivindicação, ele se torna um direito da pessoa humana, que passa a vivenciá-lo como valor (...). O lazer torna-se

> atualmente um fenômeno universal. É uma força capaz de destruir ou de fazer desabrochar plenamente a pessoa humana (Rolim, 1989, p. 56).

Logo, em que medida aquele *muitíssimo melhor que a escola*, citado no tópico anterior, não nos deveria alertar para um requestionamento de postura docente, visto tratar-se de um fato consumado? Na hipótese de uma tentativa de aproximação de sua disciplina com o fenômeno gamemania, por onde o educador poderia começar?

O primeiro passo creio que consistiria em atenuar a resistência, frequentemente verbalizada por um inexpressivo "isso não tem nenhuma relação com o que ensino", e dar vazão à curiosidade: checar o funcionamento, manuseio dos componentes, peculiaridades de cada jogo, quem são e como agem seus personagens. A partir daí ventilar-se-iam, então, possíveis cotejos.

Considere-se, por exemplo, que a exploração do raciocínio matemático (presente nas probabilidades de sequências ou no acúmulo de pontos, apenas para citar alguns casos) se dá sem que em nenhum momento se fale nele. Da mesma forma, na elaboração de ambientes e personagens denota-se uma fundamentação ora voltada para o real ora afastando-se dele, sem que isso deixe de estabelecer um nexo lógico e coerente com o que se deseja expressar. Por acaso não é esse mesmo o procedimento daqueles que se propõem a compor narrativas ficcionais (como na literatura), ou de cunho verificável de uma apreensão de mundo (ou mundos) e dos seres nele (como a História e a Geografia)?

Além disso cabe considerar a tenacidade do praticante, que o leva a debruçar-se horas a fio até atingir o objetivo, para em seguida deliciar-se também por tempo indeterminado. Não seria, então, o caso de nos questionarmos por que também não investir numa (re)descoberta do prazer de estudar via a aproximação dos polos: prática desse entretenimento e atuação docente?

Procurarei demonstrar, no que segue, que vários indícios de tal aproximação são detectáveis se atentarmos para possíveis leituras feitas em cartazes produzidos por alunos. Refiro-me, especificamente, à clientela da mesma escola onde encontrei o jornalzinho.

Tratava-se da exposição de trabalhos feitos a partir do tema "Cólera", exposição esta aberta a toda comunidade e não apenas aos alunos, visando a uma efetiva conscientização do problema.

Um aluno da 7ª série concebeu a seguinte cena: tal qual nas aventuras do PAC MAN (primeiro grande modelo lançado pelo Atari), a "voraz bolinha" corria atrás de um mapa personificado do estado de São Paulo e ao alto lia-se: *Não deixe o cólera pegar São Paulo*. Outro aluno, da mesma série, optou pelo *slogan* Vamos acabar com o cólera e, para ilustrá-lo, desenhou uma máquina de videogame conectada a um aparelho de TV, em cuja tela lia-se: *game over*.

Em um caso temos o recurso de personagens atuando tal qual no cartucho, ficando o final em suspense. Quem vencerá a partida: a doença ou a população (nesse caso representada pelo mapa)? No outro a mensagem mostra-se mais implícita, visto que sua interpretação implica uma contiguidade com o universo específico do videomaníaco em ação. Ao optar pela mesma mensagem que aparece ao final de cada partida (*game over*), o aluno expressa assim o desejo de acabar com o jogo, a "brincadeira" da doença, e não mais se deixar vencer por ela.

Cabe ainda frisar que, embora valendo-se dos mesmos *slogans* então veiculados pela mídia ("Não deixe o cólera pegar São Paulo", "Vamos dar um pau no cólera", "Xô cólera, xô!", "Vamos acabar com o cólera"), nestes e em outros casos os alunos não aproveitaram nenhum dos protótipos então criados para divulgar a campanha, ou seja, veicular suas produções com as imagens de uma dona de casa, um lutador de luta livre, um representante da saúde pública etc. Pelo contrário, não hesitaram em manifestar seu protesto valendo-se de uma linguagem muito mais próxima de seu universo: a do videogame.

Creio, enfim, que todo educador pode e deve fomentar uma abordagem crítica dos MCM, desde que se informe mínima e adequadamente sobre as denominações peculiares e os mecanismos de funcionamento de dada linguagem, sem que com isso tenha que abandonar sua formação específica. O intuito dessa reflexão não tem e nem poderia ter, a mínima pretensão de idealizar *experts* no assunto.

Acredito, sim, na possibilidade de que uma vez de posse dessas ferramentas e, sobretudo, mostrando-se sensível e atento a eventuais "ressonâncias" em sala de aula, qualquer educador possa fazer algo mais, ainda que os discursos oficiais da instituição mostrem-se relutantes às inovações. Afinal, aventurar-se a sair do senso comum de julgamento só pode trazer benefícios tanto para o educador, quanto para os educandos, não é mesmo?

Bibliografia

CANCLINI, Néstor Garcia. Guía para actuar en la cultura de los noventa. In: Modernidade. *Anais*... IV CONGRESSO BRASILEIRO DE HISTÓRIA DA ARTE. Porto Alegre: Instituto Artes/UFRGS, 1991.

CANEVACCI, Mássimo. A cultura dos meios de comunicação de massa e a meta-comunicação. Revista *Comunicações e Artes*. São Paulo: Escola de Comunicações e Artes-USP, n. 6, 1991.

ECO, Umberto. Algumas verificações: a mensagem publicitária. In: *A estrutura ausente: introdução à pesquisa semiológica*. São Paulo: Perspectiva, 1987, cap. 5.

ELMER-DEWITT, Philip. The amazing video game boom. *Time*, v. 142, n. 13, sept. 27, 1993, p. 36-42.

HUIZINGA, Johan. *Homo ludens*: o jogo como elemento de cultura. São Paulo: Edusp/Perspectiva, 1971.

ROLIM, Liz Cintra. *Educação e lazer*: a aprendizagem permanente. São Paulo: Ática, 1989. (Série Educação em Ação.)

PERFIL DOS ALUNOS QUE RESPONDERAM O QUESTIONÁRIO

3ª série (entre 9 e 12 anos)	424
5ª série (entre 11 e 14 anos)	435
8ª série (entre 14 e 17 anos)	357
Total	1.216 alunos

Apêndice 1

LISTAGEM DAS ESCOLAS OBSERVADAS

Escolas municipais integradas ao
projeto da interdisciplinaridade

Escola A — classe baixa, zona leste. Pesquisadora: Conceição Aparecida de Jesus (relatório 1)

Escola B — classe baixa, zona oeste. Pesquisadora: Marcela Cristina Evaristo (relatório 7)

Escola C — classe média, zona oeste. Pesquisadora: Eliana Nagarnini (relatório 10)

Escola D — classe baixa, zona leste. Pesquisador: José Luiz Miranda (relatório 12)

Escolas municipais não integradas ao
projeto da interdisciplinaridade

Escola E — classe média baixa, zona oeste. Pesquisadora: Ana Bonato Garcez Yasuda (relatório 5)

Escola F — classe média, zona sul. Pesquisador: Fernando Valeriano Viana (relatório 11)

Escola G — classe baixa, zona oeste. Pesquisadora: Kazuko Kojima Higuchi (relatório 14)

Escola H — classe baixa, zona leste. Pesquisadora: Magalí Elisabete Sparano (relatório 6)

Escolas estaduais padrão

Escola H1 — classe baixa, zona leste. Pesquisadora: Magalí Elisabete Sparano (relatório 6-A)

Escola I — classe baixa, zona oeste. Pesquisadora: Claudineia Barboza de Azevedo (relatório 2)

Escola J — classe média baixa, zona leste. Pesquisadora: Maria Stella Aoki Cerri (relatório 15)

Escolas estaduais não padrão

Escola L — classe média baixa, zona central. Pesquisadora: Marlete Carboni Tardelli (relatório 4) e Carla Diniz Lapenda (relatório 9)

Escola M — classe baixa, zona leste. Pesquisadora: Rosemeire Carbonari (relatório 8)

Escola N — classe baixa, periferia de Diadema. Pesquisador: Hamilton Fernandes de Souza (relatório 13)

Escola particular

Escola O — classe média alta, Barueri. Pesquisadora: Maria Madalena Iwamoto Sercundes (relatório 3)

LISTAGEM DE ESCOLAS DAS QUAIS FORAM UTILIZADOS DADOS DE ARQUIVO

Escolas municipais não integradas ao projeto da interdisciplinaridade

Escola P — classe média baixa, zona oeste. Pesquisadora: Beatriz Helena Marão Citelli

Escolas particulares

Escola P1 — classe média, zona oeste. Pesquisadora: Beatriz Helena Marão Citelli

Escola P2 — Classe média alta. Pesquisadora: Beatriz Helena Marão Citelli

Apêndice 2

Indicadores

01 Leitura de textos escritos
02 Leitura de outras linguagens
03 Produção de textos orais
04 Produção de textos escritos
05 Produção de textos em outras linguagens
06 Circulação formal de textos
07 Circulação informal de textos
08 Estratégias de aula
09 Aspectos comportamentais e disciplinares
10 Utilização de materiais didáticos e didatizados
11 Cópia
12 Ditado
13 Lição de casa
14 Correções
15 Avaliação
16 Interrupções de aula
17 Atividades extraclasse/escola
18 Atividades religiosas
19 Participação em atividades de representação
20 Biblioteca e/ou sala de leitura
21 Recreação

I Leitura de textos escritos

Fonte
- de livro didático
- de obras não didáticas
- outros impressos
- do aluno
- da lousa

Tipologia
- prosa
- poesia

Estratégias
- oral
- silenciosa
- dramatização
- extraclasse

Leitura de outras linguagens
- Televisão
- Rádio/música
- Impressos (jornal, revista, HQ)
- Fotografia/*slides*
- Cartazes
- Artes cênicas (dramatização/teatro)
- Cinema/vídeo
- Artes plásticas (desenho, pintura, grafite)
- Informática

Produção de textos orais
- Debates
- Pergunta/resposta ao/do aluno
- Pergunta/resposta à classe
- Exposição do professor

- Exposição do(s) aluno(s)
- Conversa entre alunos
- Conversa entre alunos e pesquisador
- Conversa entre alunos e professor

Produção de textos escritos

- Respostas a perguntas pré-formuladas
- Textos sobre conteúdos de estudo: resumos, fichas etc.
- Textos produzidos com atividades prévias
- Textos produzidos sem atividades prévias
- Produção de textos em prosa
- Produção de textos em verso

Produção de textos em outras linguagens

- Vídeo
- Rádio/música
- Impresso (jornal, revista, HQ)
- Fotografia/*slides*
- Cartazes
- Artes cênicas (dramatização/teatro)
- Artes plásticas (desenho, grafite, escultura)
- Informática

Circulação formal de textos

- Trazidos pelo professor
- Trazidos pelo aluno
- Produzidos pelo aluno

Circulação informal de textos

- Trazidos pelo professor
- Trazidos pelo aluno
- Produzidos pelo aluno

Estratégias de aula

- Exposição do professor
- Realização e exposição de trabalho pelo(s) aluno(s)
- Exposição dialogada
- Debates entre alunos
- Entrevistas
- Jogos

Aspectos comportamentais e disciplinares

- Atitude geral da classe: apatia, bagunça, silêncio etc.
- Punições e sanções
- Interações professor/aluno
- Interações aluno/aluno
- Interações professor/pesquisador
- Interações aluno/pesquisador
- Outras interações observadas

Utilização de materiais didáticos e didatizados

- Adota livro didático
- Não adota livro didático
- Usa mimeógrafo, xerox
- Usa recursos audiovisuais
- Presença de jornais, revistas, HQ
- Uso de programas vistos extraclasse
- Dicionários
- Outros

Cópia

- de livro didático
- de obras não didáticas
- de outros impressos
- da lousa
- de palavras com dificuldades ortográficas, coletadas

Ditado

- de palavras
- de textos
- Autoditado (gloss. professor fala, aluno procura e escreve)
- Exercício de preenchimento de lacuna (palavra ditada pelo professor)

Lição de casa

- Resolução de exercícios
- Cópia
- Pesquisa
- Leitura
- Produção de texto
- Atividades de memorização (tabuada, poesia, textos lúdicos etc.)
- Exercícios — passatempo
- Entrevistas

Correções

- de exercícios e atividades feitas em aula
- de lição de casa
- de textos produzidos por alunos
- de falas
- de provas

Avaliação

- Provas prefixadas
- Provas surpresa
- Outras formas

Interrupções de aula

- por presença de outros agentes na sala de aula
- por atividades gerais da escola (reformas, jogos, festas etc.)
- por falta de professor

Atividades extraclasse/escola

- Teatro
- Cinema
- Passeios de estudo (Estação CC etc.)
- Passeios de lazer (Zoológico, Playcenter etc.)

Atividades religiosas

Participação em atividades de representação

- APMs
- Entidades estudantis
- Entidades de classe
- Outras organizações

Biblioteca e/ou sala de leitura

- Existência
- Acervo
- Atividades desenvolvidas
- Formas de acesso

Recreação

- Na sala de aula
- Em recreios/intervalos

Uma publicação do Departamento de Teoria Literária e Literatura Comparada da FFLCH — USP.

Textos, reproduções e ilustrações são publicados sob a responsabilidade exclusiva dos autores dos textos.

Desenho gráfico

Bibliografia

BACCEGA, Maria Aparecida. A publicidade nos livros didáticos de ensino médio. São Paulo: Revista *Comunicação e Educação,* v. 12, n. 2, São Paulo, Paulinas/CCA/ECA/USP, maio/ago. 2007.

BARBOSA, Alexandre, RAMA, Angela, VERGUEIRO, Valdomiro et al. *Como usar as histórias em quadrinhos em sala de aula*. São Paulo: Contexto, 2004.

BULHÕES, Marcelo. *A ficção nas mídias*. São Paulo: Ática, 2009.

CALAZANS, Flávio. *História em quadrinhos na escola*. 3. ed. São Paulo, Paulus, 2008.

CITELLI, Adilson (Org.). Outras linguagens na escola. Publicidade. Cinema e TV. Rádio. Jogos. Informática. 4. ed. São Paulo: Cortez, 2004.

CONSOLI, Márcia Oderberfer "A propaganda em sala de aula: uma técnica pedagógica para o ensino de recepção e produção de textos". Revista *Voz das Letras*. Disponível em: <http://www.nead.uncnet.br/2009/revistas/letras/7/73.pdf>.

COSTA, Cristina. Educação, *Imagem e Mídias*. Cortez, 2005.

FERREIRA, Taís. A escola no teatro e o teatro na escola. Porto Alegre: Mediação, 2008.

FIGUEIREDO, Vera Lúcia Follain (Org.). *Mídia & educação*. Rio de Janeiro: Gryphus, 1999.

FISCHER, Rosa Maria Bueno. *Televisão & educação*: fruir e pensar a TV. Belo Horizonte: Autêntica, 2003.

LUYTEN, Sonia Bibe. *Mangá: o poder dos quadrinhos japoneses*. 2. ed. São Paulo: Hedra, 2000.

MAGALHÃES, Cláudio Márcio. *Os programas infantis da TV*: teoria e prática para entender a televisão feita para as crianças. Belo Horizonte: Autêntica, 2007.

MARQUES DE MELO, José e TOSTA, Sandra Pereira. *Mídia & Educação*. Belo Horizonte: Autêntica, 2008.

NAPOLITANO, Marcos. *Como usar televisão na sala de aula*. 5. ed. São Paulo: Contexto, 2003.

RAMOS, Paulo. *A leitura dos quadrinhos*. São Paulo: Contexto, 2009.

RUGNA, Betina. *Teatro em sala de aula*. São Paulo: Alaúde, 2010.

SAMPAIO, Ines Silvia V. *Televisão, publicidade e infância*. São Paulo: Anablume, 2000.

SANTOS, Roberto Elísio dos. *Para reler os quadrinhos Disney*: Linguagem, evolução e análise de HQs. São Paulo: Paulinas, 2002.

SETTON, Maria da Graça Jacintho. *A cultura da mídia na escola*: ensaios sobre cinema e educação. São Paulo: Annablume, 2004.

TAVARES, Marcus. *A linguagem televisiva em sala de aula*. Rio de Janeiro: Multifoco, 2009.

VERGUEIRO, Waldomiro. *Muito além dos quadrinhos*: Análise e reflexões sobre a 9ª arte. In: Waldomiro Vergueiro, Paulo Ramos (Orgs.). São Paulo: Devir, 2009.